T0287687

# Ken Wilber

# El cuarto giro

## Evolucionando hacia un budismo integral

Traducción del inglés al castellano
de David González Raga

editorial Kairós

Título original: THE FOURTH TURNING

© 2014 by Ken Wilber
© de la edición en castellano:
   2016 by Editorial Kairós, S.A.
   Numancia 117-121, 08029 Barcelona, España
   www.editorialkairos.com

**Fotocomposición y diseño cubierta:** Grafime. Mallorca, 1. 08014 Barcelona
**Diseño cubierta:** Katrien Van Steen
**Impresión y encuadernación:** Índice. Fluvià, 81-87. 08019 Barcelona

**Primera edición:** Enero 2016
**ISBN:** 978-84-9988-484-4
**Depósito legal:** B 28.107-2015

Este libro ha sido impreso con papel certificado FSC, proviene de fuentes
respetuosas con la sociedad y el medio ambiente y cuenta con los
requisitos necesarios para ser considerado un «libro amigo de los bosques»

# Sumario

# Prefacio

Este librito es una breve introducción, poco más que el esbozo de un libro más extenso y detallado que, sobre el mismo tema, se publicará el año viene. Nos pareció una buena idea, por razones muy diversas –entre las cuales cabe destacar la necesidad de contar, dada su importancia, con una versión sencilla y accesible–, presentar ahora esta versión en la que introducimos sus ideas básicas y esbozamos sus principales argumentos. Creemos que ha llegado el momento de que las grandes religiones actualicen sus dogmas y sus dharmas (es decir, sus enseñanzas). Y es que, pese a haberse visto aderezadas con ideas y prácticas importantes, la mayoría siguen ancladas en la época en que se originaron (hace de ello ya más de mil años), una época en la que el ser humano creía literalmente que la tierra era plana, que la esclavitud era el estado normal de la naturaleza y consideraba a las mujeres y otras minorías como ciudadanos de segunda clase; una época en la que las ciencias modernas y la noción de evolución todavía no se habían descubierto y en la que la principal fuente de conocimiento no era la experimentación científica, sino la revelación mítica y en la que se ignoraba, en fin, la naturaleza multicultural del conocimiento.

La tesis que sostengo en este libro afirma que, si bien conviene conservar el núcleo fundamental de las grandes tradiciones, habría que adaptarlo a un marco de referencia más amplio y abarcador (un «marco de referencia integral») que lo enriquezca con los descubrimientos realizados, durante estos mil años, sobre la experiencia espiritual, la inteligencia espiritual y el desarrollo espiritual. Esta operación nos proporcionará un marco de referencia espiritual que «incluya al tiempo que trascienda» las enseñanzas fundamentales de las grandes tradiciones, es decir, un marco de referencia que, rescatando lo viejo, lo ponga al día teniendo en cuenta los descubrimientos realizados por los mundos moderno y postmoderno.

Son muchas las tradiciones que han iniciado ya este proceso de *aggiornamento* integral, entre ellas, el cristianismo (véanse, por ejemplo, *Integral Christianity*, de Paul Smith, *Reverent Irreverence*, de Tom Thresher, *The Emerging Church*, de Bruce Sanguin, la obra de Gary Simmons en la Iglesia unitaria y los trabajos de Chris Dierkes, Rollie Stanish y el padre Thomas Keating, entre otros), el hinduismo (Dustin DiPerna ha realizado un importante trabajo integral en muchas otras grandes tradiciones), el islam (*My Islam*, de Amir Ahmad Nast), el judaísmo (véase *Radical Kabbalah*, de Marc Gafni) y el budismo (véase la obra de Jun Po Roshi [heredero del dharma de Eido Roshi]; Doshin, el principal discípulo de Jun Po; Diane Musho Hamilton; Patrick Sweeney, heredero del linaje de Chögyam

Trungpa y Traleg Rinpoche), y obras como *The Coming Interspiritual Age* (de Kurt Johnson y David Ord), por nombrar solo unos pocos. Es mucho el entusiasmo que ha despertado esta puesta al día, teniendo sobre todo en cuenta dónde puede llevarnos este intento de rescatar las enseñanzas fundamentales de las grandes tradiciones religiosas y enriquecerlas con las contribuciones realizadas por la ciencia moderna. Este enfoque global se logra partiendo del reconocimiento de aspectos fundamentales relativos a la creación de la experiencia y la inteligencia espiritual (claramente presentes en la enseñanza original), actualizándolos y expandiéndolos sin transgredir, por ello, los fundamentos de la enseñanza original.

Como son varios, como ya hemos dicho, los maestros que llevan varios años haciendo esto con el budismo, nos ocuparemos ahora de los fundamentos de esta nueva visión para ilustrar el modo de actualizar integralmente una gran tradición. Como afirmo en el primer capítulo de esta presentación, el budismo –y, en realidad, casi cualquier gran tradición– siempre ha estado abierto al desarrollo y expansión continua de sus enseñanzas, algo que se ve perfectamente ilustrado por su enseñanza fundamental de los «tres (o cuatro) giros de la rueda del Dharma (es decir, de la Verdad)». La idea es que, con el paso del tiempo, el Dharma del Buda ha experimentado –según el mismo budismo– tres (o cuatro) grandes avances evolutivos. El primero de ellos, que sigue conservándose en enseñanzas como el Theravada, lo puso en marcha el buda Gautama histórico. El segundo giro fue llevado a cabo, en torno al año 200 a.C. por el genial Nagarjuna, con su revolucionaria noción de *shunyata*, la Vacuidad radical o la Realidad última «incualificable» (de la que no puede decirse que sea, que no sea, ni ambas cosas, ni ninguna, porque la idea consiste en limpiar la mente de todo concepto hasta llegar a experimentar la Realidad directamente). Esta noción ha acabado convirtiéndose en el fundamento de casi todas las enseñanzas Mahayana y Vajrayana posteriores (es decir, del «gran vehículo» y del «vehículo del diamante», respectivamente). El tercer giro, conocido como escuela Yogachara o escuela Solo-Mente (que, si bien coincidía con Nagarjuna en que la Realidad última es la Vacuidad, incidía en que lo mismo ocurre con la Mente última), fue puesto en marcha por los hermanastros Asanga y Vasubandhu. Esta enseñanza acabó convirtiéndose en el fundamento de las grandes enseñanzas del Tantra y del Vajrayana (conocido, como ya hemos dicho, con el nombre de camino del diamante), que floreció especialmente entre los siglos VIII y XI d.C. en la extraordinaria universidad india de Nalanda y prosiguió en las escuelas del budismo tibetano. Hay que decir que muchos budistas consideran al Tantra y el Vajrayana como un «cuarto giro de la rueda» y que, de hacerlo así (cosa que, para mí, tendría mucho sentido), no deberíamos hablar de un cuarto giro, sino de un quinto giro. Pero lo que importa no es tanto si se trata del cuarto o del quinto giro, sino de señalar la posibilidad de esbozar una espiritualidad auténticamente global e inclusiva. El hecho es que, quienes reconocen los mencionados giros sostienen que cada uno de ellos «trasciende e incluye» a sus predecesores, es decir que todos añadieron, a las enseñanzas originales del Buda, sus nuevas visiones.

El budismo ya sabe, pues, lo que es actualizar sus enseñanzas principales con nuevos y profundos añadidos. Pero, después de cerca de 1.500 años del tercer giro y de casi un milenio desde el origen las grandes escuelas tántricas que (como acabamos de decir) florecieron entre los siglos VIII y XI, nos parece que ha llegado ya el momento de dar una nueva vuelta a la rueda del Dharma. Son muchos los maestros que llevan tiempo diciendo esto y la nuestra nos parece una versión que ha demostrado sobradamente su utilidad al respecto.

Este breve libro está dividido en tres partes. La primera tiene que ver con la historia del budismo y sus tres giros anteriores. La segunda presenta brevemente el nuevo marco integral que proponemos y describe sus elementos compositivos y sus operaciones fundamentales. Y la tercera concluye con varias reflexiones acerca del posible futuro del budismo, subrayando la diferencia entre un budismo integral y otro que no lo es. Y hay que señalar que, en esa encrucijada, se hallan todas las grandes tradiciones: o adaptan sus sistemas espirituales a los mundos moderno y postmoderno o se exponen a la extinción (y a quedar confinadas a las mentalidades más infantiles). Las sugerencias que hacemos aquí sobre el budismo son aplicables a casi cualquier otra religión, independientemente de su fe (lo que también incluye a ateos, agnósticos, teístas y no teístas). Como creo que este libro contiene muchas ideas interesantes, ofrezco humilde y agradecidamente las siguientes sugerencias en un intento de devolver a la espiritualidad el lugar que, en mi opinión, le corresponde, el lugar que ha ocupado en la vida humana durante la mayor parte de nuestra existencia en la tierra y que, en los últimos años, ha perdido el respeto que anteriormente merecía. Ojalá este libro ayude al lector (con independencia de su orientación atea, agnóstica, teísta o no teísta) a recuperar su fe en este extraordinario, sorprendente, misterioso y milagroso lugar que llamamos Kosmos.

KEN WILBER
Denver (Colorado)
Otoño de 2013

# Primera parte
## El pasado

# 1. Introducción histórica

Aunque comparta similitudes fundamentales con las grandes tradiciones de sabiduría de la humanidad, el budismo es, en muchos sentidos, un sistema único. Quizás uno de sus rasgos básicos sea la idea, sustentada por algunas de sus escuelas, de que se trata de un sistema que está en proceso de evolución y desarrollo, como bien ilustra la idea de los «tres grandes giros» del budismo, es decir, de los tres grandes estadios del desarrollo por los que, hasta el momento, ha atravesado.

El primero de esos giros es el llamado budismo primitivo, originado durante el periodo axial que tuvo lugar en torno al siglo VI a.c., que se supone que incluye las enseñanzas del buda Gautama y se halla representado, hoy en día, por la escuela Theravada. El segundo giro de la rueda fue introducido por Nagarjuna en torno al siglo II d.C. y está representado en la actualidad por la escuela Madhyamika. Y el tercer y último gran giro fue la escuela Yogachara, originada en el siglo II d.C. y que alcanzó su apogeo en el siglo IV d.C. con los hermanos Asanga y Vasubandhu. Y también hay escuelas, como ya hemos dicho, que consideran al Tantra y las ramificaciones del

Vajrayana como un «cuarto giro», originado y desarrollado a comienzos del siglo VIII d.C. en la Universidad de Nalanda.

Pero, por más que la escuela Madhyamika critique al budismo primitivo como parcial, limitado e incompleto, lo cierto es que incluye y trasciende muchas de sus enseñanzas fundamentales. Y lo mismo sucede con la escuela Yogachara, especialmente con la escuela Yogachara-Svatantrika-Madhyamika del siglo VIII, que trata de integrar y sintetizar los tres giros. Las escuelas Vajrayana incluyen muchas de las enseñanzas propias de los tres primeros giros y las combinan con sus propias y profundas contribuciones que, dicho en pocas palabras, no solo se centran en la sabiduría y la compasión, sino que también tienen en cuenta la luminosidad y numerosos medios hábiles.

Son muchos, pues, los budistas que consideran que el budismo se halla en un proceso de desarrollo en el que cada giro agrega algo nuevo e importante a la enseñanza global. Muchos maestros budistas coinciden con los psicólogos y sociólogos en que el mundo está experimentando actualmente una transformación que añadirá nuevas e importantes verdades que supondrán un nuevo paso hacia delante, un cuarto gran giro del budismo. Este giro conservará sus grandes verdades, pero las sazonará con descubrimientos procedentes de campos tan diversos como la biología evolutiva y la psicología del desarrollo directa que sean significativamente relevantes para la espiritualidad (es decir, que no se limiten a ser comentarios teóricos o especulativos). Como todos los anteriores, este nuevo giro (al que se conoce como budismo evolutivo o budismo integral) incluye y trasciende a sus predecesores, conservando lo esencial y enriqueciéndolo con nuevos desarrollos. Lo más interesante, sin embargo, es que esto coincide con la visión general del budismo según la cual, respondiendo a circunstancias y descubrimientos nuevos, el Dharma del Buda está en proceso de evolución, crecimiento y desarrollo. El mismo dalái lama, por ejemplo, ha dicho que el budismo debe hallarse en consonancia con la ciencia moderna o resignarse a envejecer y acabar convirtiéndose en una reliquia.

Bastará con echar un vistazo a la historia del budismo para entender lo que esto significa. El budismo original se basaba en nociones como la diferencia entre samsara (la fuente del sufrimiento) y nirvana (la fuente de la iluminación o el despertar); las tres marcas de la existencia samsárica, es decir, *dukkha* (el sufrimiento), *anicca* (la provisionalidad) y *anatta* (la ausencia de identidad); las Cuatro Nobles Verdades, según las cuales: (1) vivir en el samsara es sufrimiento, (2) la causa del sufrimiento radica en el deseo o el apego, (3) poner fin al deseo o al apego es poner fin al sufrimiento y (4) existe un camino para salir del sufrimiento, el Óctuple Sendero (visión recta, intención recta, palabra recta, acción recta, medio de vida recto, esfuerzo recto, atención plena recta y absorción concentrativa recta).

El objetivo último del budismo primitivo era el de seguir el Óctuple Sendero para escapar del samsara (es decir, del reino manifiesto de vida, enfermedad, envejecimiento, muerte y renacimiento) y alcanzar el *nirvana*, que literalmente significa «extinción sin forma». El prefijo *nir* quiere decir «sin» y *vana* ha significado muchas cosas, desde «deseo» hasta «apego», «identificación», «codicia», «ansiedad» y «forma», de modo que su significado global es el de «apagar» o «extinguir». Algunas escuelas hablan de una forma extrema de nirvana llamada *nirodh* («cesación completa»), que puede ser considerada un infinito despojado de forma y en el que desaparece tanto la conciencia como los objetos. Sea como fuere, sin embargo, el objetivo del budismo primitivo era claramente el de salir de samsara y entrar en nirvana.

Esa fue la modalidad de budismo que se practicó durante casi 800 años hasta la llegada de Nagarjuna, que prestando atención a la extraña dualidad existente entre samsara y nirvana, llegó a la conclusión de que no existe diferencia ontológica alguna entre samsara y nirvana y de que la única diferencia es epistemológica. Contemplada a través de conceptos y categorías, la Realidad se nos aparece como samsara, mientras que, despojada de conceptos y categorías, es nirvana. Samsara y nirvana son, pues, para Nagarjuna, no-dos (o «no duales»), dos aspectos diferentes de la misma cosa, una puntualización que provocó una auténtica revolución en la teoría y la práctica budista.

Nagarjuna esbozó la doctrina de las «dos verdades», una verdad relativa o convencional y una verdad absoluta o última. La verdad relativa puede ser categorizada y en ella se basan disciplinas como la ciencia, la historia, el derecho, etcétera. Que el agua esté compuesta de dos átomos de hidrógeno y uno de oxígeno es, por ejemplo, una verdad relativa. Pero no hay modo alguno de categorizar la verdad última. Basándonos en lo que se conoce como «los cuatro inexpresables», no podemos decir que la Realidad última sea, no sea, ambas cosas o ninguna de ellas, como tampoco podemos decir que sea el Yo (*atman*), el no-yo (*anatman*), ambos o ninguno…, y lo mismo podríamos decir con respecto a cualquier otra categoría. Y la razón de ello es que un concepto solo tiene sentido en virtud de su opuesto (libre *versus* esclavizado, infinito *versus* finito, implicado *versus* explicado, placer *versus* dolor, etcétera, etcétera, etcétera). Pero, como la Realidad última carece de opuesto, no hay modo alguno de categorizarla (incluida esta afirmación). Según Nagarjuna, «No hay vacío, no vacío, ambos ni ninguno…, aunque, para señalarlo, lo llamamos Vacío» (*shunyata* o Vacuidad). Es una forma radical de *neti, neti* (es decir, «ni esto ni aquello»), que llega incluso a negar el mismo *neti, neti*.

Y esto significa que no existe separación alguna entre la Vacuidad (es decir, la Realidad última) y todo lo que emerge. La Realidad es la Vacuidad de todo lo que aparece. Despojado de conceptualización o categorización, lo que emerge es la Vacuidad o, dicho de otro modo, la Vacuidad es la Realidad de todas y cada una de las cosas de los mundos manifiesto y sin manifestar, la Talidad o Esidad de todas y cada una de las cosas vistas como son, independientemente del modo en que las juzguemos, categoricemos o nombremos. Contemplado a través de conceptos y categorías, el mundo se nos aparece como samsara, compuesto por cosas y acontecimientos separados y aislados cuya búsqueda y apego a ellos genera sufrimiento. Desde *prajna* (es decir, desde la conciencia no conceptual), sin embargo, el mundo del samsara se nos aparece como el mismo nirvana autoliberado. (El prefijo *jna* de la palabra *prajna* es el *kno* inglés de *knowledge* y el *gno* de *gnosis* y *pra* es *pro*, de modo que *prajna* significa «pronóstico», es decir, un conocimiento o conciencia no dual e incalificable que nos transmite la iluminación o el despertar. ¿Despertar a qué? Despertar a la libertad radical, a la liberación infinita de la Vacuidad pura, aunque todos esos términos no dejen de ser, en el mejor de los casos, más que meras metáforas.)

Y, como no existe separación radical entre samsara y nirvana (porque samsara y nirvana son «no-dos» o, como resume *El Sutra del corazón* la no-dualidad: «la Vacuidad no es más que Forma; la Forma no es más que Vacuidad»), es posible alcanzar la liberación proporcionada por la Vacuidad en cualquier lugar del mundo de la Forma. No es preciso, para alcanzar la liberación, retirarse a un monasterio alejado del mundo, de la forma y del samsara. Samsara y nirvana están unidos y entretejidos en una sola realidad no dual. El objetivo de este camino ya no es el de convertirse en un santo ajeno al mundo (*arhat*), sino en un *bodhisattva* (un término que literalmente significa «ser de mente iluminada») comprometido con la sociedad y el medio ambiente que ha hecho el voto de no abandonar el samsara ni refugiarse en un nirvana aislado. El objetivo del *bodhisattva*, muy al contrario, consiste en abrazar plenamente el samsara, por ello se compromete a alcanzar la iluminación lo antes posible para poder ayudar a todos los seres sensibles a alcanzar asimismo la iluminación que les lleva a reconocer su naturaleza búdica, su profunda naturaleza espiritual.

Este paso adelante del budismo unificó las dos mitades del universo (samsara y nirvana) en una Realidad total e inconsútil (es decir, despojada de rasgos distintivos) y liberó a sus practicantes de la necesidad de escapar del reino del samsara para pasar a abrazarlo con todas sus fuerzas. El mismo voto del *bodhisattva* refleja paradójicamente ambos pares de opuestos y no solo una de sus mitades. Ya no hay, como afirmaba el voto del *arhat*, «otros a los que salvar», sino que «como no hay otros a los que salvar, me comprometo a salvarlos a todos», reflejando la verdad de un samsara y un nirvana unidos que han dejado de ser dos.

La noción Madhyamika de la Vacuidad se convirtió, a partir de entonces, en el fundamento de casi todas las escuelas del budismo Mahayana y Vajrayana, como reza el libro de T.R.V. Murti titulado *The Central Philosophy of Buddhism*, aunque el término «filosofía» quizás no sea el más adecuado para referirse a un sistema que tiene el objetivo de trascender completamente el reino del pensamiento.

Pero aquí no terminaron los avances porque, especialmente en torno al siglo IV d.C., empezó a escucharse cada vez con más insistencia una voz que decía: ¿podemos decir acaso algo sobre un Absoluto que no puede categorizarse literalmente en términos y conceptos dualistas? ¿No podrían ofrecerse, en el reino de la verdad convencional, sistemas, mapas, modelos y metáforas acerca de la Realidad y el modo de alcanzarla?

Fue entonces cuando tratados tan brillantes como el *Lankavatara Sutra* respondieron a esta pregunta con un rotundo «sí».

La importancia del *Lankavatara Sutra* fue tal que los cinco primeros patriarcas del chan (el zen chino) lo transmitieron como esencia de la enseñanza del Buda. No en vano la primera escuela chan era conocida como escuela Lankavatara y una historia de este temprano periodo se titula *Records of the Lankavatara Masters* [es decir, Registros de los maestros del Lankavatara].

A partir de Hui Neng, el sexto patriarca chino, sin embargo, el *Sutra del Diamante* (un tratado exclusivamente dedicado a la Vacuidad pura) se centró casi exclusivamente en la conciencia no conceptual y acabó desplazando al *Lankavatara*, con lo que el zen perdió su sofisticación filosófica y psicológica. No es de extrañar que los maestros zen de la época se mostrasen rompiendo *sutras*, una representación clara de su rechazo de la doctrina de las dos verdades, un movimiento, en mi opinión, muy desafortunado porque, al rechazar los mapas y modelos convencionales, el zen dejó de ser un sistema completo. A partir de ese momento, el zen, aunque brillante en la elaboración y práctica de la verdad absoluta, se convirtió en un sistema pobre en verdades relativas.

La escuela Yogachara alcanzó su madurez en el siglo IV con los brillantes hermanastros Asanga y Vasubandhu (un pensador creativo y original y un sistematizador muy dotado, respectivamente). Juntos elaboraron la mayoría de los principios que acabaron poniendo en marcha el tercer gran giro de la rueda del Dharma y dando origen a las escuelas budistas Yogachara (que significa «práctica del yoga») y Vijnaptimatra («solo conciencia»).

Todas las escuelas Yogachara comparten la misma actitud hacia la relación entre Vacuidad y Conciencia. Como Vacuidad y forma son no-dos, la Vacuidad está relacionada con algún aspecto cotidiano de la forma del que la persona ordinaria ya es consciente, en este caso, la Conciencia pura o Conciencia cotidiana incalificable. Todas las escuelas del Yogachara equiparan directamente, desde una perspectiva última, la Vacuidad a la Conciencia no construida, o la consideran, desde una perspectiva relativa, como una guía útil para los practicantes. Veamos lo que dice al respecto una fuente *online* que tiene en cuenta tanto la visión última como las visiones relativas de la relación entre Vacuidad y Conciencia (o «Mente», con eme mayúscula):

La postura del Madhyamika es, desde esta perspectiva, últimamente cierta y la visión Solo-Mente es, al mismo tiempo, una forma útil de relacionar las convencionalidades y alentar mejor el avance de los discípulos hacia lo último. En lo que respecta a la visión de una conexión última, el Madhyamika considera inadecuado afirmar la existencia o inexistencia de cualquier cosa real, mientras que algunos defensores del Yogachara afirman que la Mente (o, en las versiones más sofisticadas, la sabiduría primordial) es lo único real. En su intento de describir el fenómeno último no enumerable, meta final a la que aspira la práctica Dzogchen, la escuela Nyingmapa del budismo tibetano Vajrayana emplea la terminología del Yogachara. La visión última es, en ambas escuelas, la misma [la Vacuidad, Talidad o Conciencia Vacía no dual, pura e incalificable] y ambos caminos llevan a morar en el estado último.

(Este es un punto perfectamente resumido por una de mis frases favoritas del budismo tibetano, según la cual: «Todo es Mente. La Mente está vacía. La Vacuidad se manifiesta libremente. La manifestación libre es autoliberadora».)

El Yogachara expande la noción de Conciencia no construida a la idea de ocho (o nueve) niveles de conciencia, cada uno de los cuales constituye una transformación de la conciencia fundamental. La primera de estas transformaciones es la que da lugar a la conciencia almacén (*alaya*), que incluye las experiencias resultantes de todos los seres humanos y las semillas de toda maduración kármica futura. El *Lankavatara* denomina *manas* a la segunda transformación, que es la contracción en uno mismo que, al ver *alaya*, lo interpreta erróneamente como un yo o alma permanente y tiñe el *alaya-vijnana*. La tercera transformación da origen al concepto de objetos que, según la psicología budista estándar, son seis (los cinco sentidos ordinarios más la mente, a la que el budismo considera otro sentido) y sus objetos conceptuales (*manovijnana*), lo que nos da ocho niveles de conciencia diferentes (o nueve, en el caso de que incluyamos también la Conciencia no construida pura y original como tal o sabiduría vacía primordial).

Lo que, según el Yogachara, genera la ilusión y el sufrimiento no son tanto los fenómenos (es decir, los hechos manifiestos o los elementos del samsara) como el hecho de contemplarlos a través de la dualidad sujeto-objeto y verlos como *objetos*. En tal caso, en lugar de ver que los objetos son uno con el observador, se los ve como algo separado, como si tuvieran una existencia independiente «ahí fuera», fragmentando así la Realidad total en dos dominios aislados, un sujeto *versus* una serie de objetos. Y esa operación –fruto, a fin de cuentas, de la contracción dualista de *manas* en uno mismo y del teñido del *alaya-vijnana*– convierte la Talidad, la Esidad o la Realidad pura en un mundo roto, fragmentado, dualista e ilusorio con el que, al identificarnos, acabamos sumidos en la esclavitud y el sufrimiento.

El reconocimiento de la naturaleza ilusoria de este estado de esclavitud provoca, en palabras del erudito Sung-bae Park, «una revolución súbita, un giro o regreso del *alaya-vijnana* a su estado puro original. Entonces la Mente recupera [o reconoce] su condición original de no apego, no discriminación y no dualidad» (*Buddhist Faith and Sudden Enlightenment* [Albany, Nueva York: Suny Press, 1983]) o, dicho en otras palabras, reconoce el estado omnipresente de Vacuidad. Aunque la mayoría de los yogacharis insisten en equiparar el estado final de la Vacuidad del Madhyamika al del Yogachara, lo cierto es que este último posee un tinte inconfundiblemente más positivo (no solo en el concepto de Solo-Mente, sino también en su modo de concebir la no dualidad). Para el Madhyamika, la no dualidad es una especie de pantalla vacía, al menos en lo que a las concepciones de la mente se refiere, aunque ese vacío consista en ver la Talidad o Esidad de la Realidad sin mancha de nombres, conceptos, categorías o prejuicios. Y, aunque el Yogachara no negaría esa afirmación, define de un modo más positivo la Vacuidad y la no dualidad como «ausencia de dualidad entre sujeto perceptor y objetos percibidos». Porque no son, desde su perspectiva, los fenómenos, los que generan la ilusión y el sufrimiento, sino el hecho de verlos como *objetos*, como entidades separadas de la conciencia o del sujeto y tienen una existencia independiente «fuera de aquí». Y es que, una vez enajenados, alientan el deseo y el miedo que, en última instancia, provocan sufrimiento, alienación y esclavitud.

Esta visión ligeramente más positiva de la Vacuidad y su conexión con la Conciencia (como dice el zen en el *Lankavatara Sutra*: «La mente ordinaria, ese es el camino») provocó una unificación entre Vacuidad y forma mucho mayor que la generada por la no revolucionaria dualidad del Madhyamika. Y también tuvo mucho que ver con la creación del Tantra (y de su primo hermano, el budismo Vajrayana), fruto maduro del tercer gran giro.

El Tantra se desarrolló inicialmente entre los siglos VIII y XI d.C. en la gran universidad india de Nalanda. Lo que el budismo primitivo (y la mayoría de las religiones) consideraba pecados, venenos o manchas pasaron a convertirse entonces —en virtud precisamente de la unión entre Vacuidad y forma— en semillas de la gran sabiduría trascendente. Por ello, en lugar de empeñarse, como hacen tantos enfoques, en negar, reprimir o arrancar el veneno de la ira, por ejemplo, se aproximan directamente a él con la Conciencia no dual, momento en el cual revelan su sabiduría esencial, la claridad pura. Y cuando, del mismo modo, la conciencia no dual abraza la pasión, esta se transmuta en compasión universal.

El primer giro, pues, puso en marcha el camino de la renuncia (un camino que niega los estados negativos como parte de un samsara despreciable), el segundo abrió la puerta al camino de la transformación (un camino que se esfuerza en trabajar sabiamente los estados negativos hasta convertirlos en positivos) y el tercer giro y su correlato tántrico emprendió el camino de la transmutación (que consiste en contemplar directamente un estado formal negativo hasta poner de manifiesto la sabiduría oculta en su vacuidad primordial). Como el lema de este último es el de «convertirlo todo en camino», no existe, para el Tantra, nada que sea tabú (ni la comida, ni el alcohol, ni el sexo ni el dinero), razón por la cual debemos acercarnos amorosamente a todo y abrazarlo (dentro, obviamente, de ciertos límites sanos) como gestos del Espíritu, expresiones perfectas del Dharmakaya, de la Divinidad última. Y todo ello debido al hecho de que lo sagrado y lo profano, lo infinito y lo finito, el nirvana y el samsara, la Vacuidad y la forma no son dominios separados, distintos y fragmentados, sino aspectos coemergentes, interrelacionados y complementarios de la misma y única Realidad total y que, en consecuencia, deben ser igualmente abrazados e incluidos.

Hay muchos que consideran que esta visión radical, fundamento del Tantra y del Vajrayana –prevalente todavía en el Tíbet (o, lamentablemente, en la comunidad tibetana, porque el Tíbet se ha visto brutalmente sojuzgado por los chinos)–, es un auténtico «cuarto giro». Y es que, cuando dejamos de ver el mundo como el culpable de todas las ilusiones y pecados (y, en consecuencia, lo despreciamos, negamos y reprimimos) y pasamos a contemplarlo como una manifestación u ornamento del Espíritu, empieza a revelarnos sus secretos más profundos. Y, cuando la naturaleza libre de la Vacuidad (una vacuidad que no se opone a las formas, sino que es la Vacuidad real *de* toda forma) se funde con la naturaleza plena y resplandeciente de la forma, la Realidad se torna resplandeciente, autoexistente, autoconsciente y autoliberadora. Contempladas directamente (*yeshe* o *rigpa*) como el Espíritu autoliberador (Svabhavikaka-ya y Vajrakaya [o cuerpo integrado de la verdad y Verdad ada-mantina autoliberadora, respectivamente]), las formas que aparecen en esa Realidad que incluye Todo lo que es muestran su secreto más oculto y se revelan como una infinita panoplia de medios hábiles (o *upayas*).

Vistos y experimentados como algo ajeno al Espíritu, los fenómenos individuales son fuente de dolor y sufrimiento (*dukkha*), mientras que, contemplados como ornamento del Es-píritu, se revelan como fuente de sabiduría, compasión, medios hábiles y luminosidad gozosa o, por resumir en pocas palabras un tema extraordinariamente fecundo, texturas diferentes del mismo Buda primordial.

¿Qué podemos decir, pues, con respecto a un nuevo giro de la rueda del Dharma? ¿Qué más puede hacer el budismo, des-pués del Vajrayana y del Tantra (que, en su camino, no desapro-vecha *absolutamente nada*), que todavía no haya hecho? ¿Es esta una expectativa real, o es una ilusión absurda y arrogante?

Veamos.

# 2. Algunas posibilidades

Aunque somos demasiado conscientes del peligro que conlle-
van las expectativas desmesuradas como para subestimar las
tendencias egoístas de la humanidad (incluidas, obviamente,
las nuestras), no podemos seguir negando la profunda transformación que, según muchos estudios, está experimentando
un núcleo pequeño (pero no, por ello, menos significativo) de
personas. Se trata, en muchos sentidos, de una transformación
global, pero no en el sentido de que afecte a gente de todo el
mundo, sino en el de que la conciencia individual está evolucionando hasta dimensiones globales, dimensiones en las que
la identidad, la motivación, los deseos, los puntos de vista,
las perspectivas y las capacidades trascienden los dominios
egocéntrico y etnocéntrico y se adentran en las dimensiones
mundicéntricas y hasta kosmocéntricas.

No deberíamos desdeñar el impacto de una conciencia como
esta, que literalmente aflora por vez primera en la historia de
la humanidad. Y apelaremos, para ilustrar este punto, a Clare
Graves, uno de los pioneros en la investigación del desarrollo
y evolución de la conciencia, según el cual, la conciencia hu-

mana avanza y se desarrolla a lo largo de ocho grandes estadios o niveles. Graves denomina conciencia de primer grado a los primeros seis niveles de ese despliegue, una fase motivada por las carencias o deficiencias (razón por la cual Maslow las consideraba «necesidades de carencia»). Estos niveles son versiones diferentes de los mismos niveles que el pionero Jean Gebser denominó arcaico (o instintivo), mágico (o egocéntrico), mítico (o tradicional), racional (o moderno) y pluralista (o postmoderno). Graves descubrió que los niveles de primer grado creen que las únicas verdades y valores realmente importantes son los suyos y que todos los demás son infantiles, absurdos, descabellados o simplemente erróneos. No es de extrañar que, desde cualquiera de los niveles de primer grado que consideremos (lo que, en este momento concreto de la historia de la evolución, incluye al 95% de la población mundial), la humanidad esté condenada al desacuerdo, el conflicto, el terrorismo y la guerra.

Pero Graves descubrió que, en el siguiente estadio básico del desarrollo (que el llamó «sistémico» y que otros califican como «holístico» o «integral»), tiene lugar «un salto trascendental de significado». Estos niveles integrales (o de segundo grado) rescatan las verdades y valores importantes de los niveles precedentes y los incluyen en su nueva visión del mundo. Las dimensiones de conciencia se han tornado globales, en el sentido de que reconocen la importancia y el valor profundo de todos los niveles anteriores (arcaico, mágico, mítico, racional y pluralista) e incorporan intuiciones y verdades procedentes de todas las culturas, religiones y ciencias. Este nivel o niveles integrales (que algunos investigadores subdividen en dos o tres) presentan algo radicalmente nuevo en la evolución humana (cuya antigüedad se remonta solo unas pocas décadas). Aunque algún que otro genio pionero (como Plotino, Shankara y algunos pensadores del Yogachara) haya mostrado una modalidad integral de pensamiento, lo cierto es que se trata de un nivel únicamente alcanzado por el 0,1% de la población. En las últimas décadas, sin embargo, pensadores pioneros en casi todos los campos del quehacer humano han desarrollado valores integrales de segundo grado basados en la abundancia, el abrazo y la inclusión (a los que Maslow llamaba «valores del Ser»). Estos niveles integrales solo han sido alcanzados, hasta el momento, por el 5% de la población mundial, un porcentaje al que, según algunos desarrollistas, tendrá acceso, dentro de una década, el 10% de la población, algo que, sin la menor duda, lo cambiará absolutamente todo.

En tanto que estadio universal del desarrollo, ese es un nivel por el que todo el mundo, en la medida en que crezca, debe pasar. No se trata, pues, de una mera teoría, de algo que uno pueda aprender o dejar de aprender, tomar o dejar, sino de un estadio básico y universal del proceso de desarrollo humano (como la seguridad, la pertenencia y la autoestima). La especie humana, dicho en otras palabras, se encamina hacia conflictos cada vez mayores y también, en consecuencia, hacia una mayor tolerancia, abrazo, paz, inclusividad y compasión. Como la bellota o el huevo que, en el camino que les conduce, respectivamente, a roble o pollo, deben atravesar una serie de estadios universales, lo mismo sucede con el camino que conduce al ser humano a la madurez, un camino que no se caracteriza por el conflicto y la agresividad, sino por el respeto y la bondad profundamente asentados.

Esta transformación afectará a todas las religiones y a todas las disciplinas. Y, como en cierta ocasión bromeó G.K. Chesterton, «todas las religiones son la misma, especialmente el budismo». El budismo, como ya hemos visto, ha sido una de las pocas religiones que, durante todo el camino que le condujo desde sus mismos orígenes hasta el Yogachara y el Tantra, se ha caracterizado por un pensamiento evolutivo e integral. Como afirma cierta fuente de Internet: «El discurso del Yogachara tiene en cuenta y sintetiza los tres grandes giros». Por ello podemos decir que se halla especialmente equipado para dar el siguiente gran paso, un cuarto gran giro de la rueda del Dharma y de la Verdad que jalone el advenimiento de una transformación integral global.

¿Y qué tipo de verdades incluirá ese cuarto giro? Eso es, precisamente, lo que vamos a ver en los siguientes capítulos. Pero recordemos, a modo de introducción, que la realidad, para el budismo, es no dual e incluye samsara y nirvana, finito e infinito, sujeto y objeto y forma y Vacuidad. La Vacuidad, al estar despojada de caracterizaciones, no ha cambiado desde la época del Buda (de hecho, no ha cambiado desde el *big bang* e incluso antes). Metafóricamente hablando, la experiencia o el reconocimiento de la Vacuidad implica la realización simultánea de la emancipación y la libertad infinitas, la liberación del enfrentamiento entre sujeto y objeto y del tormento y la tortura que se infligen mutuamente. Pero, si la Vacuidad se experimenta como libertad, la forma lo hace como plenitud. Y, si bien la Vacuidad ha permanecido igual desde el comienzo de los tiempos, la forma, por su parte, no ha dejado de cambiar. La forma ha atravesado un largo proceso evolutivo en el que cada nuevo estadio añadía más complejidad formal al universo, desde las simples cuerdas hasta los quarks, los átomos, las moléculas, las células y los organismos multicelulares, que, llegado su momento, evolucionaron a formas cada vez más complejas, desde los organismos unicelulares hasta las plantas fotosintéticas, los animales con redes neuronales, los troncos cerebrales reptilianos, los sistemas límbicos y los cerebros trinos, cuyo número de conexiones sinápticas supera en número al de las estrellas del universo.

Y el mismo proceso de complejificación ocurrió también en las dimensiones interiores. Los seres humanos, por ejemplo (por volver a la terminología simple de Gebser), han evolucionado desde el estadio arcaico hasta el mágico de primera persona, el mítico de segunda persona, el racional de tercera persona, el pluralista de cuarta persona, el integral de quinta persona y superiores (en donde los términos «primera», «segunda», «tercera», «cuarta» y «quinta» persona se refieren al número de perspectivas que el individuo puede asumir, de manera que, cuanto mayor sea el número, más amplia y profunda llegar a ser la conciencia). El universo de las formas, dicho en otras palabras, va tornándose cada vez más pleno en la medida en que evoluciona.

Precisamente por ello decimos que el logro, hoy en día, de la iluminación, es decir, experimentar la unidad entre Vacuidad y forma, no consiste exclusivamente en ser tan libre como los grandes sabios de antaño (orientales u occidentales). Porque, si bien es cierto que la Vacuidad es hoy igual que ayer, la plenitud no lo es porque, con cada nuevo avance, el mundo de las formas se ha ido desarrollando y haciéndose cada vez más complejo.

Con ello queremos decir que, con el paso del tiempo, han ido descubriéndose verdades convencionales que cualquier cuarto giro deberá tener muy en cuenta. En la época del Buda, por ejemplo, la gente (incluido el mismo Buda) creía que la tierra era plana. ¿Qué podían saber, esos antiguos sabios, de neuroquímica, dopamina, serotonina o acetilcolina? ¿Qué podían decirnos sobre el papel desempeñado por el sistema límbico en las emociones o por el sistema cerebral reptiliano y sus impulsos instintivos? Y lo mismo podríamos decir con respecto a los estadios interiores del desarrollo (a los que hemos denominado arcaico, mágico, mítico, racional, pluralista, integral y supraintegral) y los estadios de la jerarquía de necesidades (necesidades fisiológicas, necesidades de seguridad, necesidades de pertenencia, necesidades de autoestima, necesidades de autorrealización y necesidades de autotrascendencia) descubiertos no hace tanto por Jean Gebser y Abe Maslow, respectivamente, y que forman parte de la complejidad evolutiva que acompaña a la era moderna.

Hay estadios de meditación que son experiencias directas (en primera persona) y se han visto claramente cartografiadas por las tradiciones contemplativas orientales y occidentales (como las siete moradas de Santa Teresa, los diez estadios del pastoreo del boyero del zen, los estadios del budismo primitivo tan bien sistematizados por Buddhaghosa, los nueve yanas del Nyingmapa, etcétera). Pero también hay otro tipo de estadios evolutivos que, a diferencia de lo que sucede con los mencionados estadios meditativos, son *estructuras* de tercera persona que no pueden ser registradas introspectivamente y fueron descubiertas por figuras de la modernidad como Piaget, Baldwin, Graves, Gebser o Maslow estudiando grandes grupos de personas durante largos periodos de tiempo y extrayendo luego conclusiones sobre las pautas mentales implicadas.

En este sentido, resulta muy ilustrativo el trabajo sobre el desarrollo moral llevado a cabo por Lawrence Kohlberg, que le llevó a concluir la existencia de seis estadios diferentes del desarrollo moral que organizó en tres grandes grupos: preconvencional (o egocéntrico), convencional/conformista (o etnocéntrico) y postconvencional (o mundicéntrico). Las respuestas dadas por los sujetos estudiados a preguntas como «La esposa de un hombre tiene una enfermedad terminal. ¿Qué puede hacer el hombre que, sabiendo que en la farmacia venden una medicina que puede curarla, no tiene suficiente dinero para comprarla? ¿Crees que tiene derecho a robarla?» caían en tres grandes grupos («sí», «no» y «sí»). Cuando luego se les pidió que explicasen su respuesta, los que habían contestado «no» dijeron algo así como «Porque eso va contra la ley. La sociedad dice que no se puede robar y yo nunca haría algo así, porque estaría mal», una respuesta claramente etnocéntrica y dominada por el argumento «mi grupo, mi tribu y mi país, esté en lo cierto o esté equivocado». Las respuestas dadas por quienes habían dicho «sí» eran de dos tipos. El primer grupo era alguna que otra variante de «Porque soy yo quien decide lo que está bien y, si quiero robarlo, lo robaré... y, si no te gusta, ¡te jodes!», una respuesta, como pueden ver, muy egocéntrica. Quienes habían contestado el segundo tipo de «sí» justificaban su respuesta con versiones diferentes de: «La vida, en mi opinión, vale más de 27 dólares, de modo que, si con ello salvara una vida, merecería la pena robar ese medicamento», una respuesta mundicéntrica basada en principios universales muy elevados. Así fue como Kohlberg descubrió la existencia de una secuencia evolutiva que va desde el primer «sí» hasta el «no» y, desde ahí, hasta el segundo «sí». El cambio, pues, de un estadio a otro ocurre siempre siguiendo la misma secuencia, que va desde el «sí» egocéntrico hasta el «no» etnocéntrico o desde el «no» etnocéntrico hasta el «sí» mundicéntrico. Esas respuestas evidencian, dicho en otras palabras, una direccionalidad, una secuencia que no puede saltarse ni invertirse y que siempre va desde lo egocéntrico hasta lo etnocéntrico y lo mundicéntrico.

Centenares de proyectos han investigado este tipo de estadios del desarrollo. Hoy en día sabemos que la inteligencia no solo es cognitiva, sino que existen muchas inteligencias diferentes (una inteligencia emocional, una inteligencia moral, una inteligencia intrapersonal, una inteligencia estética, una inteligencia interpersonal, una inteligencia lógico-matemática, etcétera). Y la investigación realizada al respecto ha puesto de relieve que, por más diferentes que sean, todas esas inteligencias (a las que también llamamos *líneas* del desarrollo) se despliegan siguiendo los mismos *niveles* evolutivos básicos (a los que nos hemos referido como arcaico, mágico, mítico, racional, pluralista, integral y supraintegral). En el libro *Una visión integral de la psicología*, presentamos una serie de tablas que incluyen cerca de cien modelos evolutivos diferentes (referidos a inteligencias o líneas evolutivas diferentes) que ponen de relieve la extraordinaria similitud de niveles que todos ellos atraviesan.

Sea cual fuere la inteligencia o línea considerada, el niño parte de un estado de fusión o indisociación con el mundo que le rodea (sin necesidad de precisar ahora dónde acaba su yo y dónde empieza el entorno). Esta es la visión arcaica. A eso de los 18 meses tiene lugar lo que se conoce como «nacimiento psicológico del niño»; es decir, el desarrollo de un yo emocional separado y distinto a su entorno. El proceso de pensamiento se halla aquí fundido con el entorno, en una modalidad de pensamiento (llamada por Freud pensamiento primario) dominada por la fantasía y la superstición. Si, por ejemplo, quiero que mi padre muera y tal cosa ocurre, creo que fue mi pensamiento el que causó su muerte (visión mágica). Cuando emergen los conceptos, la mente empieza a diferenciarse del cuerpo. Y, si este proceso va demasiado rápido y desemboca en una disociación, nos encontraremos ante la represión clásica de varios impulsos y sensaciones (sexo, agresividad, poder, etcétera). El pensamiento es, durante este estadio, impulsivo, razón por la cual, «si veo algo que quiero, sencillamente lo tomo», y está dominado por figuras que son individuos míticamente exagerados («si yo no puedo hacer magia, ellos sí pueden», «mamá podría, si quisiera, transformar este asqueroso plato de espinacas en dulces» o «Dios, la Diosa u otro ser celestial sobrenatural saben lo que estoy pensando y me castigarán por tener malos pensamientos»). (Eso es lo que ocurre al comienzo de la visión mítica.) Y, como este estadio jalona el comienzo de la capacidad de pensamiento grupal y de la identificación con el grupo (mi familia, mi clan, mi tribu, mi relación o mi nación), tiende a ser tan convencional y conformista como la respuesta «no» del estudio de Kohlberg que acabamos de comentar.

Al llegar la adolescencia, el pensamiento logra la capacidad de operar sobre el pensamiento, lo que nos permite asistir a la emergencia del estadio racional que se pone de relieve en la cognición, la moral, la inteligencia interpersonal y en aquellas otras inteligencias en las que, de un modo u otro, participa la razón. Entonces es cuando la motivación deja de estar básicamente centrada en la pertenencia y la presión de los pares y se ve reemplazada por la autoestima y empieza a ser posible el pensamiento científico. Esta es la visión racional, que jalona el cambio que conduce de las modalidades conformistas al pensamiento reflexivo y crítico y permite criticar y juzgar la cultura, pensamientos, ideas y valores del sujeto. En el caso de que el desarrollo siga su curso, aflora la capacidad de operar, al comienzo de la vida adulta, sobre el pensamiento, que se abre a modalidades diferentes a las estrictamente racionales o científicas. Entonces se advierte y enfatiza la importancia de la cultura para elaborar interpretaciones distintas de la realidad y aflora un estadio que contempla culturas y valores diferentes conocido como visión pluralista (o postmoderna). La visión racional ve culturas, ideas e individuos separados con pocos rasgos comunes, lo que convierte al mundo en un asunto fragmentado, roto y parcial, pero la emergencia de una modalidad cognitiva más amplia y elevada (conocida como conciencia de segundo grado o integral) permite contemplar los fragmentos rotos y empezar a descubrir, en ellos, pautas universales comunes que conectan culturas, individuos y fenómenos. Esta visión integral jalona, independientemente de la modalidad de inteligencia considerada, la emergencia de lo que Clare Graves calificaba como un «monumental salto de significado» desde lo roto y fragmentado hasta lo unificado e integral. Y, en el caso de que el desarrollo prosiga (y se adentre en los dominios supraintegrales), la conciencia empieza a tornarse transpersonal, espiritual, universal y kosmocéntrica y conectada con distintos tipos de experiencia espiritual directa (que veremos más adelante con detenimiento).

El asunto es que esta secuencia evolutiva está compuesta por varias *estructuras* de conciencia a las que no puede accederse mediante la simple introspección. Por ello los mapas de meditación al uso, que solo suelen ocuparse de los distintos *estados* de conciencia que pueden ser vistos y experimentados directamente a través de la introspección, rara vez reflejan este tipo de estadios. Jamás experimentaremos, directamente sentados en un cojín de meditación, que «este es un pensamiento propio del estadio moral 3», pero sí que podemos experimentar, pongamos por caso, el segundo gran estadio de la meditación mahamudra (la experiencia directa e inmediata de luminosidad y distintos fenómenos luminosos). Esto puede experimentarse de manera clara y directa, mientras que aquellos (los estadios de las estructuras de las distintas inteligencias múltiples) hay que deducirlos estudiando, durante mucho tiempo, grandes grupos de personas. Por ello no podemos encontrar, en los mapas de meditación que nos proporcionan las distintas tradiciones, los estadios evolutivos descubiertos por la moderna psicología del desarrollo. Y también es por ello que debemos incluir las *estructuras* de conciencia para complementar los mapas de los *estados* meditativos de conciencia que nos han legado las grandes tradiciones contemplativas del mundo.

Pero hay otra razón importante que explica la necesidad de incluir tanto los estadios como las estructuras. Y es que los psicólogos del desarrollo han descubierto que los *estados* meditativos de primera persona (o estadios de los *estados*) se ven interpretados en función del estadio de la *estructura* de tercera persona en que se halle la persona. El budismo, por ejemplo, puede ser interpretado, como veremos más adelante, desde los niveles mágico, mítico, racional, pluralista e integral. (En la segunda parte daremos detalles concretos de interpretaciones de pensadores y escuelas budistas procedentes de los niveles mágico, mítico, racional, pluralista e integral.)

Y esto significa que el desarrollo espiritual gira en torno a dos grandes ejes, algo que deberá tener muy en cuenta cualquier cuarto giro que aspire a ser realmente nuevo e integral. Además, pues, de los *estados* meditativos de conciencia (que comienzan con el pensamiento egoico ordinario, prosiguen con la iluminación y la intuición sutil y culminan en la Gran Perfección no dual), debemos tener en cuenta el desarrollo de las *estructuras* de conciencia (desde mágica hasta mítica, racional, pluralista e integral) y no olvidar que la persona interpretará la experiencia de aquellos en función de la estructura del estadio principal del desarrollo en que se encuentre. Las estructuras son también responsables, como ya hemos visto, de las pautas de las cuatro grandes inteligencias múltiples (la inteligencia cognitiva, la inteligencia emocional, la inteligencia moral y la inteligencia estética, que no están compuestas de estadios, sino de estructuras). Las estructuras se refieren al modo en que crecemos, mientras que los estados tienen que ver con el modo en que despertamos. Y como no existe, hasta el momento, tecnología individual de desarrollo oriental ni occidental que incluya, en el crecimiento y desarrollo global, las estructuras y los estadios (ya sean espirituales o de cualquier otro tipo), cualquier cuarto giro deberá tener muy en cuenta ambas modalidades.

(Existe una abrumadora evidencia de la realidad de las estructuras de conciencia y de su desarrollo a través de una serie de estadios.) Como ya he señalado en *Una visión integral de la psicología*, hay mapas relativos a la existencia de cerca de cien sistemas de desarrollo diferentes y lo más notable es su extraordinaria coincidencia (que recién acabamos de resumir) en los grandes estadios de estructuras por los que atraviesa el ser humano. Este es un descubrimiento muy profundo (aunque poco conocido) y que tiene un extraordinario impacto en nuestra imagen del ser humano, de sus visiones del mundo y de sus capacidades de crecimiento y desarrollo. Como las estructuras son las herramientas mentales a través de las cuales vemos e interpretamos el mundo, resulta evidente la importancia de que cualquier sistema espiritual incluya diferentes experiencias de estado, como la meditación. (Este es un punto al que volveremos cuando contemplemos con más detenimiento las estructuras.)

También son modernos los descubrimientos realizados sobre los elementos de la sombra personal reprimida. La meditación puede relajar las barreras de la represión y posibilitar el acceso a la sombra, lo cual no siempre es positivo y hay ocasiones en que puede empeorar incluso las cosas. La mayoría de las meditaciones, por ejemplo, nos enseñan a despegarnos y desidentificarnos del cuerpo y de la mente, es decir, de nuestros pensamientos, de nuestros sentimientos y de nuestras emociones personales. Pero cuando esa desidentificación de los sentimientos es excesiva y termina en una enajenación o disociación, puede generar problemas psicopatológicos. No es extraño, en este sentido, que la disociación o enajenación de la ira, por ejemplo, desemboque en la tristeza o la depresión. Por ello, si durante la meditación me desidentifico demasiado de todo lo que aflora y sencillamente enajeno esa ira, no haré más que intensificar mi depresión. El único consejo que, en tales casos, suele dar el maestro de meditación es: «¡Intensifica tus esfuerzos!», lo que no hace sino complicar más las cosas.

Lamentablemente, son muchas las religiones que consideran que los problemas emocionales o los problemas ligados a la sombra se deben simplemente a una práctica inadecuada (a practicar mal el *vipassana*, a no creer lo suficiente en Jesús, a no mantener una relación correcta con la Torá, etcétera).

Complementar la práctica de la meditación con algunas técnicas psicoterapéuticas sencillas y ampliamente aceptadas no solo puede ayudarnos a gestionar mejor los problemas de la sombra, sino que también puede aclarar la meditación y hacerla más eficaz todavía. Por ello cualquier cuarto giro podría beneficiarse también de algunos procedimientos simples de trabajo con la sombra.

En el siguiente capítulo hablaremos de «las tres eses» [de *structures*, *stages* y *shadow*] y del beneficio de su inclusión en cualquier cuarto giro o espiritualidad que aspire a ser realmente integral.

# Segunda parte
# El presente

# 3. Visiones y puntos de observación

Ya hemos hablado de los tres grandes giros de la rueda del Dharma reconocidos por el budismo. El primero fue el budismo primitivo, las enseñanzas originales del buda Gautama, el buda histórico, que se consideran representadas por el budismo Theravada, especialmente prevalente en el Sudeste Asiático y que recientemente ha encontrado seguidores en Occidente. El segundo gran giro está representado por Nagarjuna y la escuela budista Madhyamika, que esbozó la noción de *shunyata* (o Vacuidad), un profundo paso hacia delante en la naturaleza de la verdad última que acabó siendo esencial en casi cualquier escuela budista posterior, tanto Mahayana como Vajrayana. Y el tercer gran giro está representado por el Yogachara o budismo Vijnanavada asociado a los hermanos Asanga y Vasubandhu, que habitualmente se conoce como escuela Solo-Mente o solo representación y que ha influido especialmente en el Tantra y el Vajrayana.

La motivación que alentó el despliegue de esas tres fases fue un impulso creciente y, en ocasiones, muy exitoso, hacia

la integración. El budismo siempre ha tenido una gran tendencia sintetizadora y cada vez es mayor el número de maestros y
discípulos que consideran necesario integrar las nuevas verdades en un nuevo avance, en un cuarto gran giro de la rueda del
Dharma. Veamos a continuación algunos de los ítems más importantes que, en nuestra opinión, debería incluir esa nueva sín-
tesis, una idea que seguiremos desarrollando en el capítulo 4.

## Estados y estructuras

Desde hace miles de años, la humanidad conoce los *estados*
de conciencia, experiencias inmediatas y directas en primera
persona que resultan accesibles mediante la introspección, la
meditación, la búsqueda de visión y otras formas de experiencia
directa. Las *estructuras* de conciencia, por el contrario, son
pautas mentales implícitas e integradas de tercera persona a
través de las cuales la mente ve e interpreta el mundo, incluidos
los estados. Cosas como las inteligencias múltiples, por ejemplo, son estructuras mentales, mientras que otras cosas como
las experiencias, las experiencias religiosas, los sentimientos
cotidianos y los estados meditativos son, por el contrario, estados. Yo suelo decir, en este sentido, que los estados de conciencia son experiencias directas e inmediatas en primera persona
que se han entendido (o, cuando menos, conocido) desde hace
miles de años. Las estructuras, por el contrario, son pautas implícitas e integradas en tercera persona (que no se ven sino que

constituyen, por así decirlo, las lentes con las que vemos) que solo pueden ser deducidas empleando diseños experimentales. Por ello no supimos de ellas hasta la era moderna y solo tienen una antigüedad de unos pocos siglos. Ambas, sin embargo, resultan fundamentales para entender la conciencia, la mente y su expresión en todo, desde las visiones del mundo hasta la espiritualidad y la ciencia.

## Estados y puntos de observación

Comenzaremos con los estados de conciencia. Las grandes tradiciones contemplativas hablan de cuatro o cinco grandes estados naturales de conciencia a los que, desde el mismo momento del nacimiento, el ser humano tiene acceso. Se trata de los estados de vigilia, sueño, sueño profundo sin sueños, Testigo (o conciencia sin calificar) y Talidad despierta no dual. Pero hay que decir que los estados de sueño y sueño profundo no se hallan limitados al hecho de dormir, porque incluyen estados bioenergéticos sutiles, estados mentales y estados mentales superiores (como la creatividad, la idealización y la capacidad de sintetizar). Aisladamente considerado (es decir, sin combinarlo con el Testigo), el estado de sueño profundo es el primer momento o dominio en que se manifiesta la Realidad última no manifestada y hogar, en consecuencia, de las formas más sutiles de existencia (como el espacio, el tiempo y el almacén de la conciencia colectiva). Al combinarse con la Vacuidad pura o Conciencia incondicionada, el reino sutil se convierte en el primer reino manifiesto. De este modo, los cinco grandes reinos estándares (materia, cuerpo, mente, alma y Espíritu) quedan reducidos a cuatro (cuerpo, mente, alma y espíritu, a los que el budismo conoce como Nirmanakaya, Sambhogakaya, Dharmakaya y Svabhavivakaya). Los correspondientes reinos también se conocen como reino físico ordinario, reino mental sutil, reino del Testigo o del Yo Real y Espíritu último, Talidad no dual o reino de Unidad, correlativamente asociados a los estados de vigilia, sueño, Testigo vacío sin forma y el Espíritu último no dual omnipresente o Talidad despierta.

Ahora bien, la Conciencia o Despertar empieza identificada con el estado vigílico ordinario. El objetivo de la meditación consiste en dejar de identificarse con el ego pequeño, finito y encapsulado en la piel y descubrir la Vacuidad pura, conocida también como Divinidad vacía, Ayin, la Nada pura o Vacío/ Plenitud (que los sufíes, el zen o el cristianismo denominan, respectivamente, Identidad Suprema, Rostro Original o Conciencia Crística), es decir, el Yo Verdadero y Espíritu no dual último libre de identificación con cualquier cosa o evento finito concreto o, dicho desde otra perspectiva, uno con todo el reino manifiesto y sin manifestar, Uno con Todo y con el Fundamento del Ser.

Y es que, siendo uno con todo lo que emerge instante tras instante, no deja fuera nada que podamos querer o desear, nada, en suma, que pueda dañarnos o generarnos miedo, ansiedad o angustia porque, como dicen las *Upanishads*, «donde hay otro hay miedo» pero, cuando somos uno con Todo, no hay un «otro» ajeno a nuestro Yo Verdadero. Entonces estamos liberados, iluminados, libres del tormento y del sufrimiento y despiertos a la Divinidad, la Verdad, la Realidad y la Belleza últimas; no nacidos y no muertos, inmensos e ilimitados, intensamente libres y vivos, gozosamente Uno y beatíficamente Todo, resplandecientemente infinitos y atemporalmente eternos, un estado conocido con nombres tan diversos como iluminación, despertar, *moksha* (o liberación) *metanoia* (o transformación) *wu* (o transparentemente abierto, libre y pleno).

Ahora bien, entre el punto de partida original (en el que la Conciencia se identifica exclusivamente con el estado de vigilia ordinario) y la liberación última (en donde la Conciencia se identifica con la Talidad Vacía o Unidad no dual) existen cuatro estados de conciencia menos que plenamente Despiertos. Y cada uno de esos estados refleja una identidad cada vez más elevada y profunda que, pese a no haber alcanzado aún la Identidad Suprema no dual última, está cada vez más próxima a ella. El objetivo de la meditación consiste, precisamente, en atravesar esos estados de Conciencia o de Despertar, trascendiéndolos e incluyéndolos a todos o, dicho en otras palabras, atravesarlos identificándonos primero con ellos para acabar trascendiéndolos en el siguiente estado más profundo y elevado hasta que, al llegar al estado no dual último, los hemos incluido y trascendido todos. Por ello se dice que, después de haberlos atravesado y trascendido *todos* (es decir, después de habernos desidentificado de todo, absolutamente de todo y de haber alcanzado, en consecuencia, la Vacuidad pura) y de habernos identificado e incluido también *todo*, somos simultáneamente nada y todo. Vacuidad y Totalidad, Libertad radical y Plenitud desbordante, cero e infinito. Hemos descubierto que nuestro Yo real es uno con el Espíritu y es también el Yo de todo el Kosmos. Solo entonces podremos decir que, en realidad, hemos vuelto a Casa.

Casi todas las grandes tradiciones meditativas cuentan hoy con mapas que reflejan los pasos o estadios importantes que esa tradición reconoce y practica. Y la investigación ha demostrado que, aunque los rasgos y estadios superficiales de estas tradiciones difieran considerablemente, comparten, en muchos sentidos, sus rasgos profundos. Casi todos ellos, de hecho, atraviesan los cuatro o cinco grandes estados naturales de la conciencia a los que, independientemente de la cultura en que se halle, puede acceder universalmente todo ser humano (es decir, el estado ordinario, el sutil, el causal, el Testigo y la Talidad). (En breve veremos el significado concreto de estos términos, pero señalemos, por el momento, que se trata de variaciones de los estados de despertar, sueño, sueño profundo, Testigo y no dual.)

El «yo», según la teoría integral, tiene dos «centros de gravedad». Por una parte, tenemos un «centro de gravedad *estructural*» y, por la otra, un «centro de gravedad de *estado*». Estos centros de gravedad reflejan, respectivamente, el lugar que se ocupa en el espectro global de las estructuras y de su desarrollo (es decir, de los estadios de las estructuras) y en el espectro de los grandes estados del crecimiento a través de ellos (es decir, de los estadios de los estados con los que, en un determinado momento, uno está más identificado). Así pues, en el proceso de despliegue de las estructuras (que va desde arcaico hasta mágico, mítico, racional, pluralista, integral y suprauntegral), uno puede hallarse fundamentalmente en el nivel mítico mientras que, en el proceso de despliegue de los estados (que va desde ordinario hasta sutil, causal, testigo y no dual), uno puede hallarse fundamentalmente en el estado sutil, en cuyo caso, hablamos de un centro de gravedad dual mítico y sutil.

Esta es una relación a la que se conoce como rejilla Wilber-Combs, después de que Allan Combs y yo llegásemos independientemente a la misma conclusión (figura 3.1 [véase pliego central]). El eje vertical de la figura representa el desarrollo de las estructuras de cualquier inteligencia múltiple (que solemos resumir en arcaica, mágica, mítica, racional, pluralista, integral y suprauntegral). En la parte superior, hemos representado cuatro de los grandes estados de conciencia a considerar; en este caso, 4 de nuestros 5 grandes estados (ordinario, sutil, causal y no dual) y bajo cada uno de ellos hemos anotado el tipo de experiencias místicas cumbre que los caracteriza. Así pues, el misticismo natural, el misticismo teísta, el misticismo sin forma y el misticismo no dual (o unidad) reflejan, respectivamente, la unidad con el reino ordinario, con un ser sutil, con el estado causal/Testigo sin forma y con el reino no dual último. Y lo más importante de esta figura es que cada gran estado, como ya hemos dicho, se interpreta (y, en consecuencia, se experimenta) en términos de la estructura básica en la que el individuo se encuentra (desde arcaica hasta supraintegral), lo que modifica sustancialmente la naturaleza de la experiencia de cada uno de esos estados (ya sea en sí mismos o en tanto que estadio concreto de los estados de un determinado camino de meditación). Volveremos a este punto cuando consideremos ejemplos del budismo en cada estructura y del modo en que cada uno interpreta de manera diferente sus propias enseñanzas. Pero empezaremos aportando pruebas de la existencia de estos cinco grandes estados y sus estadios en los grandes sistemas contemplativos de todo el mundo.

En lugar de dar ahora un montón de ejemplos de las similitudes entre rasgos profundos que presentan las tradiciones meditativas de todo el mundo, centraremos nuestra atención en tres o cuatro procedentes de Oriente, Occidente y la postmodernidad.

Comenzaremos ofreciendo un breve resumen de lo que esto implica. Aunque, casi todo el mundo empieza a meditar desde un centro de gravedad ubicado en el estado de vigilia ordinaria, independientemente del lugar en que se halle su centro de gravedad estructural (desde mágico hasta integral), no debemos olvidar que este es sumamente importante porque determina, en gran medida (como luego veremos), el modo en que se interpretan los estadios de los estados meditativos.

En el estado de vigilia, el individuo se identifica con el cuerpo físico y la mente reactiva, es decir, con la corriente de pensamientos, sentimientos, emociones y sensaciones centradas en el estado egoico que reflejan el reino material y sus deseos (una forma de funcionamiento caótico conocida como «mente del mono»). Las diferentes formas de meditación mindfulness invitan a la persona a atestiguar la corriente de acontecimientos sin enjuiciarlos, condenarlos ni identificarse con ellos. Tras varios meses de este tipo de práctica, la mente del mono empieza a apaciguarse y la conciencia se abre a dimensiones mentales y de ser más sutiles, quizás estados de bondad, luminosidad o iluminación casi infinita, lapsos de quietud y profundo silencio mental, experiencias de expansión más allá del ego hasta estados cada vez más profundos de Yo soy, un estadio habitualmente conocido como alma sutil (entendiendo el término «alma» en el mismo sentido budista que el «ego» como algo que no posee una realidad última, sino solo convencional; pero la realidad del alma en este estadio de los estados es tan *convencional* como la del ego en el reino/estado ordinario y deberá abandonar finalmente esa identidad exclusiva). En la medida en que la conciencia meditativa va profundizando el dominio causal/Testigo, los periodos de conciencia pura libre de todo pensamiento pueden expandirse; los estados de identidad transpersonal, Yo Verdadero o Yo soy infinito pueden aparecer con más frecuencia; la felicidad, la beatitud y el amor infinito pueden presentarse y la identidad con el cuerpo-mente finito acaba abandonándose y se ve reemplazada por la Conciencia Crística, la mente del Buda o *Ein Sof*. Y, si la conciencia profundiza más todavía y pasa del Testigo/causal a la Unidad última no dual, se desvanece toda sensación de Testigo u observador que contempla los fenómenos y, en lugar de ver la montaña, uno se convierte en la montaña; en lugar de sentir la tierra, uno se convierte en la tierra y, en lugar de ser consciente de las nubes que flotan en el cielo, las nubes flotan en uno, en su conciencia. Como dijo un maestro zen refiriéndose a su despertar: «Cuando escuché el sonido de la campana, no había campana ni yo, sino solo tañido». Y, cuando este estado se torna más o menos permanente, el centro de gravedad de estado pasa de ordinario a sutil, causal/testigo, la Talidad no dual, y uno se convierte en la Identidad Suprema, uno con el Espíritu y con la totalidad del mundo manifiesto independientemente de lo que ese mundo (que, como veremos, cambia y se expande de estructura en estructura) signifique para uno.

En su ya clásico titulado *Mysticism*, Evelyn Underhill afirma que, en su camino a la realización permanente, casi todos los místicos occidentales atraviesan los mismos cuatro o cinco grandes estadios de estados que son, obviamente, versiones diferentes de ordinario, sutil, causal sin forma y unidad no dual. Pero hay que señalar que, a diferencia de lo que sucede con el desarrollo de las estructuras, el desarrollo de los estados es mucho más flexible. Las estructuras están –cómo decirlo– mucho más estructuradas, aparecen en un orden independiente del condicionamiento social imposible de eludir y, a diferencia de lo que sucede con los estados, es imposible vislumbrar experiencias de estructuras superiores a un estadio aproximado por encima del estadio en que uno se halle. La persona que se encuentra en el estado ordinario, por ejemplo, puede tener experiencias propias de un estado causal o no dual, pero es

imposible, desde el estadio moral 1, tener un pensamiento propio del estadio moral 5. Y la meditación mindfulness empieza
identificándose (o tratando de identificarse) con la conciencia
Testigo (aunque el centro de gravedad de estado cambiará per-
manentemente, hablando en términos generales, de estadio en
estadio, porque, a diferencia de lo que sucede con las experiencias cumbre provisionales, la identificación real con un estado
superior descansa –aunque esta no sea una regla inmutable– en
la identidad con estados anteriores).

Recordemos, teniendo todo esto muy en cuenta, que los
estadios señalados por Underhill son la purgación ordinaria
(donde uno se limpia y trata de relajar la identificación con el
cuerpo físico y sus pensamientos); la iluminación sutil (donde
uno accede a las dimensiones, luminosidades y emociones superiores sutiles propias del alma); la noche oscura (en donde
uno descubre la nube causal y sin forma del no saber y se libera
de la esclavitud a lo finito…, que, al no ser todavía permanente, sufre terriblemente al perder) y la conciencia de unidad no
dual (en donde el alma y Dios se desvanecen en la Divinidad
última). Todo el proceso se inicia con una experiencia cumbre
del despertar o *metanoia*, una vislumbre que muestra el Paraíso
de la Realidad última y orienta al alma hacia el camino de los
estadios de los estados y del Despertar. En uno de los artículos
incluidos en un libro en el que colaboré hace ya tiempo titulado *Transformations of Consciousness*, el teólogo de Harvard
John Chirban señalaba, apelando al ejemplo proporcionado por
los primeros santos de la Iglesia del Desierto, que todos ellos

atravesaban versiones diferentes de los cuatro o cinco estadios básicos de Underhill (que, a su vez, son versiones diferentes de ordinario, sutil, causal, testigo y no dual).*

Conviene señalar también, hablando de *Transformations of Consciousness*, que Daniel P. Brown, uno de sus autores, también de Harvard, dedicó los últimos treinta años de su vida al estudio de los sistemas de meditación del mundo. Trabajando con catorce textos raíz en su idioma original del mahamudra, uno de los sistemas más sofisticados y completos del budismo tibetano, Brown demostró que todos atravesaban los mismos cuatro o cinco estadios básicos del desarrollo (a los que llamó «puntos de observación»). Y hay que decir que un punto de observación es, con respecto a un reino/estado, lo que una visión con respecto a un peldaño de la escalera básica de la estructura. Centrémonos brevemente en esta cuestión y volvamos luego a nuestro tema fundamental.

Para explicar el desarrollo de las estructuras, solemos apelar a una metáfora a la que llamamos «escalera, escalador y visión». La escalera es el espectro de estructuras básicas de la conciencia, es decir, los peldaños básicos que, una vez que aparecen, siguen existiendo (en breve veremos ejemplos al respecto). El escalador es el sistema del yo que, en su camino de ascenso por los escalones básicos de la existencia, va identificándose provisional y exclusivamente con cada uno de ellos

---

* Editorial Kairós publicó, en 1994, un libro titulado *Psicología integral*, que contenía los artículos de Wilber incluidos en ese texto. (N. del T.)

y contemplando el mundo desde ahí. Su visión del mundo, dicho en otras palabras, está determinada por ese escalón y sus características. El mundo que uno ve, por ejemplo, cuando se identifica con la mente concreta es mítico-literal; cuando se identifica con la mente racional, lo ve en términos modernos, racionales, científicos y objetivos; cuando lo hace con la visión lógica sintetizadora, es integral, etcétera. La figura 3.2 muestra una lista abreviada de los escalones o estructuras básicas y sus correspondientes visiones, es decir, del modo en que el mundo se nos presenta cuando una estructura se convierte en un estadio de estructura o cuando el yo se identifica con ese escalón concreto de la estructura, que pasa a ser entonces el centro de gravedad de la estructura del yo, a través de la cual ve e interpreta el mundo. (Las visiones son las que hemos denominado arcaica, mágica, mítica, racional, pluralista, integral y supraintegral.) La figura 3.2 muestra los escalones básicos que sustentan esas visiones. (Adviértase que los nombres que hemos utilizado [como mágico y pluralista o pertenencia y autoestima] están tomados al azar de un par de líneas diferentes de la inteligencia múltiple y que podríamos haber empleado muchos otros. Recordemos, pues, que esa no es más que una muestra muy limitada de los términos que podríamos utilizar para referirnos a las visiones.)

Cuando, durante el proceso de desarrollo de las estructuras y de los estadios de las estructuras, el yo o escalador pasa de un estadio al siguiente estadio superior, ocurren dos cosas muy importantes: (1) El yo renuncia y pierde la visión propia del

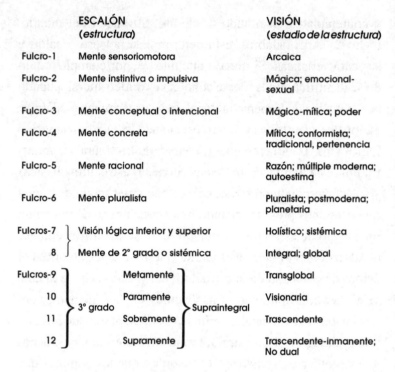

| ESCALÓN (estructura) | | VISIÓN (estadio de la estructura) |
|---|---|---|
| Fulcro-1 | Mente sensoriomotora | Arcaica |
| Fulcro-2 | Mente instintiva o impulsiva | Mágica; emocional-sexual |
| Fulcro-3 | Mente conceptual o intencional | Mágico-mítica; poder |
| Fulcro-4 | Mente concreta | Mítica; conformista; tradicional, pertenencia |
| Fulcro-5 | Mente racional | Razón; múltiple moderna; autoestima |
| Fulcro-6 | Mente pluralista | Pluralista; postmoderna; planetaria |
| Fulcros-7 | Visión lógica inferior y superior | Holístico; sistémica |
| 8 | Mente de 2° grado o sistémica | Integral; global |
| Fulcros-9 | Metamente | Transglobal |
| 10 | Paramente | Visionaria |
| 11 | 3° grado · Supraintegral · Sobremente | Trascendente |
| 12 | Supramente | Trascendente-inmanente; No dual |

**Figura 3.2.** Escalones básicos de la estructura y sus correspondientes visiones del mundo

escalón inferior y la reemplaza por la visión que le proporciona el escalón superior. Obviamente, cuando uno está subiendo una escalera y pasa, por ejemplo, del tercer peldaño al cuarto, deja de ver el mundo desde aquel (y pierde, en consecuencia, esa visión) y pasa a contemplarlo desde este. (2) Pero no por ello el tercer escalón deja de existir, porque en él, de hecho, descansa el cuarto. En cada uno de los distintos estadios del despliegue de las estructuras, el escalón básico sigue existiendo y se ve incluido, pero la visión contemplada desde él se niega, se trasciende, se pierde y acaba reemplazada por la visión propia del escalón superior cuando el yo se identifica con él. Eso es, precisamente, lo que queremos decir cuando afirmamos que el desarrollo trasciende e incluye, es decir, que niega y conserva (ya que, como dijo Hegel, «superar es, al mismo tiempo, negar y conservar», lo que nosotros habitualmente describimos como «trascender e incluir»). Lo que se conserva e incluye son los escalones básicos de la estructura y lo que se niega y trasciende son las visiones concretas obtenidas desde cada uno de ellos. Y llamamos «fulcro» a cada una de esas doce grandes transformaciones correspondientes a los doce grandes escalones de la estructura a los que se refiere la figura 3.2.

Ese mismo proceso de trascendencia e inclusión afecta también a los estados y su reinos, a la visión o punto de observación desde esos reinos-estados y al yo central que se desarrolla a través de ellos, identificándose exclusivamente con uno para pasar luego a desidentificarse y avanzar así sucesivamente de un estadio de estado a otro estadio de estado (o, lo que es lo mismo, cambiando su centro de gravedad en la medida en que pasa de un estadio de estado al siguiente estadio de estado). Los reinos/estados se conservan e incluyen, mientras que los puntos de observación se niegan y trascienden. Veamos, a modo de introducción esos estadios de estado sucesivos, los seis estadios de la meditación mahamudra señalados por Geshe Kelsang Gyatso:

1. Identificación con la mente ordinaria.
2. Realización directa de la mente ordinaria.
3. Identificación con la mente sutil.
4. Realización directa de la mente sutil.
5. Identificación con la mente causal/no dual.
6. Realización directa de la mente causal/no dual.

(Hay que decir que Gyatso emplea aquí el resumen estándar de tres reinos/estados, es decir, Nirmanakaya, Sambhogakaya y Dharmakaya, u ordinario, sutil y muy sutil [porque el término tibetano para «causal» es «muy sutil», de modo que la secuencia «ordinario, sutil y causal» se convierte en «ordinario, sutil y muy sutil»]; esta presentación en tres estados colapsa implícitamente en uno los estados cuarto y quinto de la mente testigo y de la mente vacía no dual, reconocidos por los tibetanos y habitualmente incluidos en el Dharmakaya o reino muy sutil [o «causal»] y que yo he resumido como causal/no dual. Pero esto es mera semántica porque esta tradición reconoce perfectamente la existencia de los reinos «ordinario, sutil y causal».)

Dan Brown parte del estado de vigilia ordinaria, en el que la persona se identifica exclusivamente con el cuerpo físico y con los pensamientos y sentimientos ordinarios. Después de varias prácticas preliminares y meditativas, tiene lugar el primer gran cambio que conduce desde el estadio de estado ordinario y su punto de observación al estadio de estado sutil y su punto de observación. Aquí, el yo central ya no se identifica exclusivamente con el cuerpo físico y los pensamientos y con el reino ordinario en general (aunque, como sucede con los escalones básicos, este reino/estado siga existiendo), sino con el reino sutil y su punto de observación, que ya no es el ego ordinario, sino lo que Brown denomina la personalidad sutil (es decir, el «alma» de la que habla el cristianismo contemplativo). Brown denomina «Despertar» a este estadio, porque se trata del primer estadio libre del pensamientos y las emociones ordinarias y se halla más en contacto con la Conciencia pura. En el siguiente estadio de estados, el estadio de estado causal, la personalidad sutil, alma o punto de observación se desmantela (aunque el reino sutil sigue existiendo), dejando solo formas muy sutiles (o «causales») de manifestación (es decir, el espacio y el tiempo). Este es un estadio causal al que Dan llama «Conciencia misma». En la medida en que el desarrollo prosigue hasta el estadio de los estados de la conciencia Testigo, uno deja de identificarse exclusivamente con lo causal y su punto de observación y, trascendiendo el espacio y el tiempo, se adentra en el Ahora atemporal y la conciencia centrada en el presente puro, a la que Brown denomina «Conciencia en y de sí misma». Este es también el punto en el que emergen los tres subniveles de la no dualidad (reconocer la no dualidad después de la emergencia de una cosa, reconocerla mientras emerge y reconocerla antes incluso de que emerja, de las que solo la última es la verdadera Iluminación o Despertar). Este es el último gran estadio de Brown, la Conciencia no dual despierta, en la que se disipa la dualidad sutil sujeto-objeto que acompañaba al Testigo (y a la que Brown denomina «individualidad» –y que suele conocerse como Yo Verdadero o Yo Real– una «individualidad» que acaba trascendiéndose en la Unidad última no dual o Talidad), que contempla el mundo como una Totalidad inconsútil (es decir, sin rasgos), una Realidad no dual, donde la conciencia de la persona es una con todo los fenómenos ordinarios, sutiles y causales, aunque sin identificarse exclusivamente con ninguno de ellos. Esos reinos siguen existiendo y presentándose, pero no hay identificación ni apego exclusivo a ninguno de ellos. (De nuevo, pues, ordinario, sutil, causal, testigo y no dual.)

Por dar un último ejemplo postmoderno, consideraremos al adepto americano Adi Da, según el cual, «para realizar la iluminación divina más perfecta, es necesario trascender el ego a través de tres fases distintas, primero en el nivel físico [ordinario] (es decir, el nivel del "dinero, comida y sexo"), luego en el nivel sutil (es decir, el nivel de las visiones y audiciones internas y de todo tipo de experiencia mística) y, finalmente, en el nivel causal (es decir, en el nivel raíz de la existencia consciente, donde parecen aflorar de nuevo en la conciencia la sensación de "yo" y "otro" y la dicotomía sujeto-objeto)». La cuarta fase consiste, para Adi Da, en la realización de la «Verdad Siempre Ya», objetivo, fundamento y condición omnipresente de toda existencia, superior e inferior, sagrada o profana, manifiesta o sin manifestar. De nuevo, pues, también, ordinario, sutil, causal (testigo raíz implícito) y no dual.

En la figura 3.3 presentamos un resumen esquemático de los cinco grandes estados y estadios de los estados de la meditación. En la parte izquierda del dibujo aparecen, en cursiva y

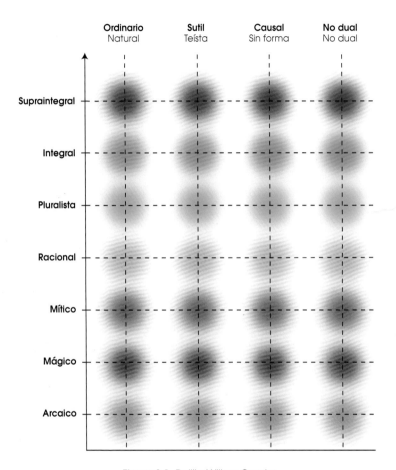

**Figura 3.1.** Rejilla Wilber-Combs

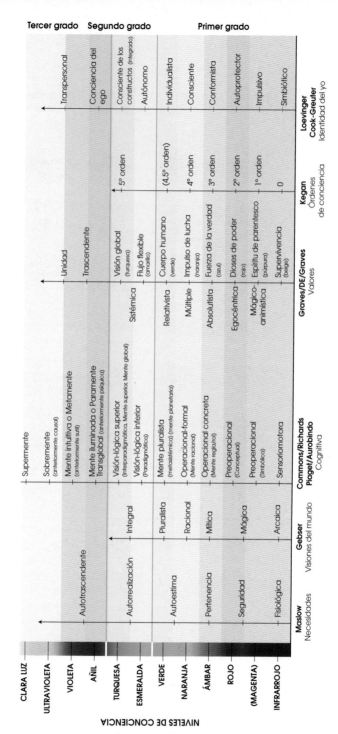

**FIGURA 3.4.** Algunas líneas principales del desarrollo

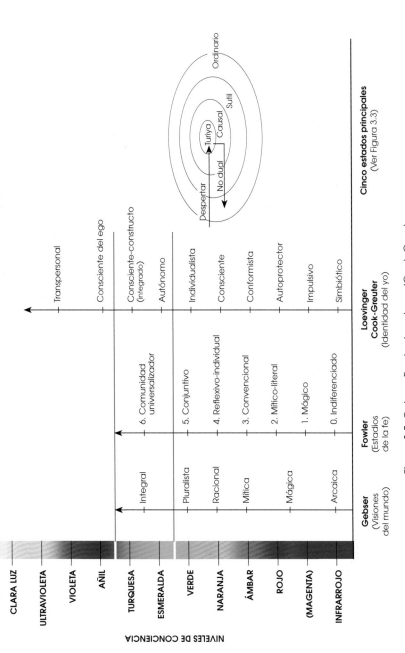

**Figura 3.5.** Gebser, Fowler, Loevinger/Cook-Greuter

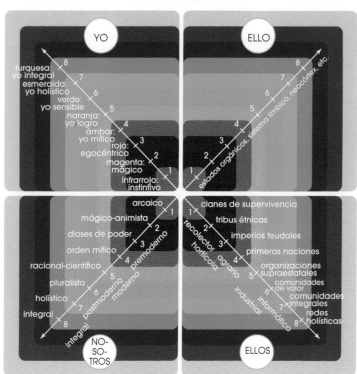

INDIVIDUAL

YO

ELLO

INTERIOR

EXTERIOR

turquesa:
yo integral
esmeralda:
yo holístico
verde:
yo sensible
naranja:
yo logro
ámbar:
yo mítico
rojo:
egocéntrico
magenta:
mágico
infrarrojo:
instintivo

estados orgánicos, sistema límbico, neocórtex, etc.

arcaico
mágico-animista
dioses de poder
orden mítico
racional-científico
pluralista
holístico
integral

clanes de supervivencia
tribus étnicas
imperios feudales
primeras naciones
organizaciones
supraestatales
comunidades
de valor
comunidades
integrales
redes
holísticas

premoderno
moderno
postmoderno
integral

recolector
horticola
agrario
industrial
informático

NO-
SO-
TROS

ELLOS

COLECTIVO

**Figura 4.2.** OCON

representando a Occidente, los estadios de Evelyn Underhill; en la parte inferior del diagrama, se enumeran los estadios de sistemas orientales como el tantra yoga más elevado (empezando con los «cinco *skandhas*» o cinco grandes formas de la conciencia ordinaria [forma material, imagen, símbolo, mente conceptual y yo egoico conceptual] y concluyendo con el «logro cercano a la oscuridad», «la oscuridad» causal o la naturaleza abisal que precede al Despertar no dual). Los grandes estadios de los estados son ordinario, sutil, causal, *turiya* (que literalmente significa «el cuarto», es decir, el cuarto gran estado de conciencia, el Testigo) y, finalmente, *turiyatita* (que literalmente significa «más allá del cuarto») o la Conciencia despierta no dual. Cada uno de los grandes estadios de los estados va acompañado de su propia «noche oscura», lo que implica, entre otras muchas cosas, la muerte de la sensación de identidad separada concreta asociada a ese reino/estado, desde el ego ordinario hasta el alma sutil y el testigo del reino testigo/causal, en el camino que conduce hasta la Conciencia despierta o Talidad incalificable pura no dual. (El fracaso en diferenciarse y desidentificarse de una determinada sensación de identidad provoca una fijación/adicción a ese yo, mientras que la disociación excesiva hasta el punto de la enajenación de una determinada sensación de identidad concreta provoca una evitación/alergia a ese yo.) Ambas son malformaciones del desarrollo, problemas de «trascendencia e inclusión» que generan graves disfunciones en el proceso de evolución global. El objetivo del camino meditativo consiste en alcanzar el Despertar (o la Conciencia

**Figura 3.3.** Principales estadios de los estados meditativos

como tal) que trasciende e incluye todos los reinos/estados que, dejando de «extinguir», u «olvidar» varios cambios de estado (como el sueño y el sueño profundo), reconoce una «Conciencia constante», una Conciencia omnipresente no dual, la unión (y trascendencia) del yo individual finito con el Espíritu infinito.

Es muy probable que estas similitudes universales se asienten en los estados naturales de la conciencia propios del cerebro con los que nacen todos los organismos biológicos humanos (es decir, la vigilia ordinaria, el sueño sutil, el sueño profundo sin forma causal y la Conciencia no dual omnipresente, fuente y sostén de todos ellos), o que, al menos, tengan que ver con ellos. Los postmodernistas que pretenden negar la existencia de todo universal tienen dificultades para explicar la presencia de estos estados cerebrales universales. Su empeño en sostener el origen cultural de estados cerebrales budistas fundamentalmente distintos a los estados cerebrales judíos o hindúes no tiene mucho sentido. Los rasgos profundos del cerebro biológico y sus estados son en todos los lugares en que haya un ser humano; de ahí se deriva el carácter universal de los estadios contemplativos y meditativos (en sus rasgos profundos de nuevo porque, en sus rasgos superficiales, difieren de cultura en cultura y hasta de individuo en individuo).

Dicho en otras palabras, los estadios de la meditación son, como casi cualquier otra cosa, un asunto de cuatro cuadrantes (es decir, de las cuatro grandes perspectivas inherentes a toda situación). Nos referimos a las dimensiones biológicas, psicológicas, culturales y sociales que tanta importancia tienen en el modo en que se presentan y experimentan los rasgos superficiales de esos estadios. También se sabe que los factores culturales y sociales desempeñan un papel muy importante en el modo en que se despliega la experiencia humana. (Esto también es cierto en lo que respecta a los rasgos universales transpersonales, que son interpretados por las estructuras propias de los cuatro cuadrantes. Aunque, en la literatura mística occidental, abunden las referencias a seres de luz con un par de alas [o, dicho en otras palabras, a ángeles], no existe, en ella, mención alguna a seres de luz dotados de diez mil brazos, una visión muy común en el Tíbet, en donde representa a Avalokitesvara, el *bodhisattva* de la compasión, del que se dice que el dalái lama es una encarnación. Pero el asunto es que estas figuras no son meras construcciones culturales, porque el estado de conciencia sutil y el estado cerebral en el que se originan son muy reales y se encuentran en todas partes, aunque se vean interpretadas por factores que incluyen un moldeado social y cultural.)

Lo que no parece entenderse –de hecho, apenas si se reconoce– es la importancia que, en la interpretación de la experiencia, tienen las visiones y puntos de observación (tan reales como los factores sociales y culturales).

Los estados y su reinos (ordinario, sutil, causal/testigo y no dual) determinan, en primer lugar, el tipo de fenómenos que pueden presentarse (es decir, *lo que* aparece, fenómenos ordinarios, fenómenos sutiles, fenómenos causales y fenómenos no duales), mientras que las estructuras y sus visiones determinan *el modo* en que esos fenómenos se interpretan y experimentan. Porque lo cierto es que el mismo fenómeno, contemplado desde visiones diferentes, nos ofrece fenómenos virtualmente diferentes.

Supongamos, por ejemplo, que una persona se halla en un estado de sueño, un subconjunto del reino sutil libre de las limitaciones que aquejan al reino físico ordinario y tan creativo, en consecuencia, que le permite soñar en casi cualquier cosa, desde un unicornio hasta una nueva aplicación de una tecnología existente. El hecho es que el modo en que la persona interpreta el sueño dependerá, en gran medida, de su visión, es decir, del peldaño de la escalera del desarrollo en que se encuentre. El cristiano que sueña con un ser de luz amoroso y resplandeciente probablemente concluya que se trata de Jesucristo. Pero la visión de la mente mágico-mítica atada a los conceptos e intenciones (una modalidad egocéntrica e impulsada por el poder) solo es capaz de una perspectiva de primera persona que le lleva a creer que él –y solo él– es realmente

Jesucristo. Si, avanzando un nuevo paso, pasamos a la visión
mítica tradicional, capaz de adoptar la perspectiva de segunda
persona y expandir su identidad desde el «yo» hasta el «nosotros», una visión que considera literalmente ciertos los milagros
de los que habla la Biblia (desde Moisés separando las aguas
del mar Rojo hasta Noé y su arca salvando a los seres vivos
o el nacimiento virginal de Jesucristo), cree que la Biblia es
la palabra misma de Dios y que quienes creen en ella son los
«elegidos», mientras que todos los demás están condenados al
infierno eterno. Desde esta perspectiva, el cristiano considera
a ese ser de luz que es Jesucristo como el salvador de los creyentes, el salvador de los elegidos, mientras que quienes no lo
aceptan como su salvador personal están condenados a arder
en el infierno. Desde la siguiente visión superior (la mente
racional y objetiva), el individuo puede adoptar una actitud
crítica y reflexiva de tercera persona, examinando la Biblia en
busca de presuntas verdades que tal vez, hace 2.000 años, tuvieran algún sentido, pero que hoy en día han dejado de tenerlo
(como las prohibiciones de comer cerdo o de hablar con mujeres menstruantes). La imagen de Thomas Jefferson sentado en
los escalones de la Casa Blanca y recortando con unas tijeras
las partes de su Biblia que consideraba absurdos míticos ilustra
perfectamente esta perspectiva racional. Es muy probable que
la persona que se halla en ese estadio no considere la figura de
Jesús como hijo único de Dios nacido de una virgen, sino como
un maestro amoroso y sabio que tiene un mensaje importante
que transmitir al mundo moderno.

Este ejemplo ilustra claramente que el mismo fenómeno –un ser de luz resplandeciente– es interpretado de manera diferente dependiendo del estadio de la estructura (o visión) en que el sujeto se halle y dando así lugar a experiencias diferentes.

Supongamos ahora que la meditación permite a un sujeto alcanzar un determinado estadio de iluminación e intuición como, por ejemplo, un estadio luminoso del estado sutil. En tal caso, el reino sutil y su punto de observación determinarán el tipo de fenómenos que pueden presentarse (la luminosidad y la conciencia-intuición de la provisionalidad y de la ausencia de identidad) como el reino del sueño sutil determinaba antes el ser de luz y los sentimientos amorosos. Más allá existirá, sin embargo, una diferencia entre la experiencia y comprensión real de los individuos que tengan una visión mágico-mítica (egocéntrica), una visión mítico-literal (etnocéntrica) y una visión racional (mundicéntrica). En este momento concreto del proceso, la tradición meditativa se centra en el estadio de estado y en el punto de observación concreto propio de ese estadio que, en sus rasgos profundos, es esencialmente el mismo para los tres (luminosidad e intuición). Pero la textura real, la naturaleza concreta, la magnitud, la perspectiva y la interpretación detallada que cada uno le dé serán muy diferentes dependiendo de su visión real, que, a su vez, depende del estadio de la estructura y del escalón básico del centro de gravedad de la estructura en que se halle el individuo. No olvidemos que la experiencia de este estadio de meditación será muy distinta dependiendo de que la contemplemos desde una perspectiva de primera persona, de segunda persona y de tercera persona. Aunque el punto de observación, dicho en otras palabras, sea uno de los determinantes importantes de *lo que* vemos, es la visión la que determina el *modo* en que lo vemos, es decir, los lentes a través de los cuales contemplamos esta y toda experiencia (el modo en que la interpretamos, el modo en que la configuramos, el modo en que la experimentamos y el significado que le atribuimos).

Como los individuos practican la meditación desde escalones y visiones diferentes de la escalera del desarrollo y distintas escuelas budistas tienen (como veremos) visiones diferentes, el hecho de tener en cuenta las estructuras y los estados solo puede resultar beneficioso. Poco sentido tendría, de otro modo, si el maestro se halla, pongamos por caso, en una visión pluralista, su interpretación de los diferentes estadios meditativos. Su experiencia de un determinado estadio de estado meditativo será adecuado al escalón de la estructura concreto en que se encuentre, pero insistirá en que no se ve ni se entiende adecuadamente cuando quizás haya sido experimentado desde un estadio integral o supraintegral superior al suyo. Y esto es algo que no solo limita muy seriamente el desarrollo espiritual del discípulo, sino que también tergiversa los logros más elevados del budismo. (Por desgracia, esto es algo más frecuente de lo deseable y especialmente común, como veremos, en el caso de muchos maestros orientales que, teniendo un eje de estado muy desarrollado [causal o no dual], tienen muy poco desarrollado el eje estructural, lo que evidencia la visión mítica propia de la cultura de la que proceden. No es de extrañar que, cuando se relacionan con sus discípulos, la mayoría de los cuales se hallan en la estructura más elevada de la visión pluralista, los resultados sean bastante problemáticos. El consejo del maestro suele ser, en lo que respecta a los estados, brillante, pero su visión estructural resulta bochornosa, homofóbica, xenofóbica, patriarcal, sexista, autoritaria y rígidamente jerárquica. Por ello, hasta que no se tengan en cuenta tanto las estructuras como los estadios, los discípulos quedarán atrapados en situaciones confusas y su desarrollo espiritual resultará, en consecuencia, problemático.)

### Estructuras y visiones

Ya hemos ofrecido varios resúmenes de los estadios de estados generales de la meditación y de la contemplación, tanto orientales como occidentales (ordinario, sutil, causal, Testigo y Unidad no dual). Nos queda por ver un breve resumen de los escalones o estructuras básicas y de los estadios de las estructuras o visiones del desarrollo, especialmente de su efecto en los ámbitos de la religión y la espiritualidad.

Empezaremos con un breve apunte sobre los dos grandes tipos de conciencia espiritual de que disponen los seres humanos, la *inteligencia espiritual* y la *experiencia espiritual* (basadas, respectivamente, en las estructuras y en los estados). Ya hemos mencionado, cuando hablábamos de la meditación y sus grandes estadios de estados, la experiencia espiritual o estados en primera persona. Y, como hemos dicho, son importantes porque es el modo en que despertamos, es decir, el modo en que tenemos una experiencia directa e inmediata de la dimensión divina de la Realidad (independientemente de que se trate del misticismo natural del reino ordinario, del misticismo teísta del reino sutil, del misticismo sin forma del reino causal o del misticismo de unidad última característico del reino no dual). Estas son experiencias directas inmediatas del Fundamento Divino del Ser tal y como se presenta en los distintos reinos/estados, desde el ordinario hasta el sutil, el causal y el no dual.

La inteligencia espiritual, por su parte, es menos experiencial y más intelectual, es decir, más orientada hacia la inteligencia (de hecho, se trata de una de las inteligencias múltiples) y tiene que ver con los valores y significados de la vida divina. Desde las ideas de Paul Tillich hasta las de James Fowler, la inteligencia espiritual se refiere al modo en que las personas responden a la pregunta «¿Cuáles son, para mí, las preocupaciones últimas?».

Para quien se encuentra en el escalón 1 (arcaico), se trata del alimento y la supervivencia; para quien se halla en el escalón 2 (mágico), se trata del sexo y el placer emocional; para quien se halla en el escalón 3 (mágico-mítico), se trata del poder y la seguridad; para quien se halla en el escalón 4 (mítico-grupal), se trata del amor y la pertenencia conformista; para quien se halla en el escalón 5 (racional), se trata del logro y la excelencia; para quien se halla en el escalón 6 (pluralista), se trata de la sensibilidad y el cuidado; para quien se halla en los escalones 7 y 8 (es decir, los escalones de segundo grado), se trata del abrazo amoroso y la inclusión y, para quien se halla en el tercer grado, se trata de la autotrascendencia y la unidad mística pura... en un proceso que asciende a lo largo de una escala de niveles de totalidad creciente. Y recordemos que, al contar con un centro de gravedad dual, la persona puede hallarse virtualmente en casi cualquiera de los niveles o estructuras de casi cualquiera de los estados o reinos (es decir, del estadio de las estructuras y del estadio de los estados o, dicho en otras palabras, de la visión y del punto de observación).

La inteligencia espiritual, en suma, es una más de la decena de inteligencias múltiples con que cuenta el ser humano (entre las que cabe destacar la inteligencia cognitiva, la inteligencia emocional, la inteligencia moral, la inteligencia interpersonal, la inteligencia musical, la inteligencia estética, la inteligencia espiritual, la inteligencia intrapersonal, la inteligencia lógico-matemática, etcétera). Y, aunque cada una de estas inteligencias (o *líneas* del desarrollo) es muy diferente de las demás, todas se despliegan siguiendo los mismos *niveles* básicos del desarrollo, es decir, los mismos escalones de la estructura que hemos presentado en la figura 3.2. Y, como estos *niveles* del desarrollo (o niveles de conciencia) son aplicables a todas las distintas *líneas* del desarrollo, solemos representarlos con colores en lugar de con nombres, porque esto último resultaría muy limitador, mientras que el empleo de los colores puede aplicarse a todas las inteligencias múltiples sin favorecer, por ello, a ninguna.

Resumiendo, pues, cada una de las inteligencias múltiples o líneas del desarrollo está compuesta de estructuras de conciencia y se despliega a través de una serie de estadios de estructuras, atravesando los mismos niveles del desarrollo coloreados básicos a los que nos referimos como «altitud» de la estructura (asimilando así «altitud» a «grado de desarrollo»). De este modo, las diferentes inteligencias múltiples o líneas del desarrollo avanzan atravesando los mismos niveles básicos del desarrollo a los que nos referimos con un determinado color.

Cada uno de los niveles de altitud del desarrollo es, en la teoría integral, un nivel de conciencia, de un modo muy semejante a la visión del Yogachara, según la cual la conciencia no es una cosa, proceso o fenómeno concreto, sino la apertura o claro que posibilita la expresión de diferentes cosas, procesos y fenómenos. Cuanto más elevado es el nivel de conciencia, mayor es el número y tipo de fenómenos que, en ese escalón, pueden presentarse, con un número más elevado en cada nivel creciente del desarrollo (reflejando así una mayor conciencia, capacidad de amor, capacidad moral, creatividad, inclusividad espiritual, expansión de los valores, inteligencia emocional, etcétera, aspectos, todos ellos, corroborados por la investigación realizada al respecto).

Las figuras 3.4 y 3.5 [véase pliego central] nos muestran los niveles básicos del desarrollo (y sus colores asociados), junto a una media docena de grandes líneas del desarrollo (que incluyen la inteligencia cognitiva, la inteligencia de los valores, la identidad del yo, las visiones del mundo, la inteligencia espiritual y las necesidades). En la parte derecha de la figura 3.4, presentamos un esbozo esquemático de la meditación para indicar que casi cualquiera de los estadios de estados puede ser experimentado desde casi cualquiera de los niveles de estructuras de casi cualquiera de las líneas. Veamos ahora con más detalle, dada la importancia de la inteligencia espiritual para el tema que nos ocupa, los grandes estadios de la inteligencia espiritual en su avance por algunos de los grandes estados meditativos de la experiencia espiritual. Y también aprovecharemos para mostrar algunos rasgos generales de cada uno de los grandes niveles del desarrollo y los relacionaremos con el trabajo pionero de Fowler.

## Inteligencia espiritual

Veamos ahora algunos detalles de las distintas visiones de los estadios de las estructuras, especialmente en lo que respecta a la visión de la inteligencia espiritual, que relacionaremos con el monumental trabajo pionero de James Fowler titulado *Stages of Faith*. La humanidad sabe, desde hace centenares y hasta miles de años, que la espiritualidad u orientación religiosa depende de los estados de conciencia y de los estadios de los estados. Pero Fowler fue uno de los primeros en llevar a cabo una investigación que demostró fehacientemente que la orientación espiritual de la persona depende de los estadios de las estructuras del desarrollo. Por supuesto que hay diferencias en los niveles estándares generales del desarrollo (cuyas visiones han sido llamadas arcaica, mágica, mítica, racional, pluralista e integral), pero su trabajo pionero descansa en su investigación y sus conclusiones sobre el desarrollo espiritual. Empezaremos viendo algunos detalles de los estadios de las estructuras más importantes y luego los ilustraremos con varios ejemplos concretos del budismo en cada estadio.

Fowler llamó «intuitivo-proyectiva» a la *visión mágica* o estadio magenta de las estructuras, un estadio centrado en la protección, la seguridad, la supervivencia y los hechizos mágicos destinados a garantizar la supervivencia y proteger de los malos espíritus. Se trata de una visión supersticiosa y antropomórfica en la que es frecuente el pensamiento fantástico, que equipara y confunde totalidades con partes (fundamento, dicho sea de paso, de los prejuicios porque, desde esa perspectiva, si una persona de piel oscura es peligrosa, también lo serán todas las personas de piel oscura). Ahí no se diferencia claramente un objeto real de su imagen (de modo que pinchar con un alfiler, por ejemplo, el muñeco que representa a una persona supone que a esa persona le ocurrirá algo malo). El culto a los ancestros se convierte en algo muy frecuente y a menudo es fuente de la oración de petición. Los cuentos y leyendas son una forma habitual de mantener unida la comunidad. El escalón básico de la visión mágica (impulsivo, fantasía y emocional-sexual) se halla limitado a la perspectiva de primera persona, de modo que el individuo está más preocupado por su salvación que por la salvación de los demás.

Fowler denomina «mítico-literal» a la *visión mágica-mítica* o estadio rojo de las estructuras. La diferencia entre la magia y el mito reside en el lugar al que se atribuye la fuente del «poder del milagro». En el caso de la magia, se trata del yo (de modo que, si yo llevo a cabo una danza de la lluvia, la naturaleza obedece y llueve). En el caso del mito, el yo ya ha abandonado la ilusión de poder intervenir milagrosamente en la naturaleza y en la historia y cambiarlas..., pero, si yo no puedo hacer milagros, Dios (o la Diosa o cualquier otro ser sobrenatural) sí que puede hacerlos. El estadio mágico-mítico jalona la transición de un yo anteriormente omnipotente y mágico a un dios o unos dioses omnipotentes y mágicos (dios o dioses míticos, de ahí el nombre de mágico-mítico). Por ello la Dinámica Espiral denomina «dioses de poder» a este estadio. Existe una creencia y un énfasis concomitante en los milagros. Yo no puedo hacer esto, pero Dios sí que puede hacerlo y, si me aproximo ritualmente de un modo que Le complazca, Él (o Ella) harán por mí el milagro. En este estadio, empiezan a aparecer las narraciones míticas y se supone que los hechizos mágicos nos permiten establecer una relación correcta con la divinidad, aumentando la probabilidad de que interceda a favor nuestro en la naturaleza y en la historia. El escalón básico que sustenta esta visión (la mente conceptual, representacional y vital) se halla todavía muy circunscrito a la perspectiva de primera persona, de modo que su preocupación fundamental gira en torno al poder narcisista (tanto de uno mismo como de la Divinidad [«dioses de poder»]). Dios es poderoso, airado y vengativo y se trata de un estadio impregnado de superstición, egoísmo y animismo.

Fowler denomina «sintético-convencional» a la *visión mítica* o estadio ámbar de las estructuras, «convencional» porque el escalón de estructura básico puede asumir el papel de los demás (es decir, puede adoptar la perspectiva de segunda persona), lo que posibilita el cambio de visión desde egocéntrico hasta etnocéntrico y la expansión de la identidad desde el yo individual hasta el grupo (el clan, la tribu, la religión, la comunidad o la nación). La moral probablemente cambie de egocéntrica a conformista («mi país, esté en lo cierto o esté equivocado; mi religión, esté en lo cierto o esté equivocada, y mi grupo, esté en lo cierto o esté equivocado»). Se establece una clara distinción entre «nosotros» y «ellos», y mi grupo se convierte, en un sentido religioso, en «el pueblo elegido» de Dios. Mi vida se convierte entonces en una *yihad* destinada, dicho en otras palabras, a convertir o matar a los no creyentes. Matar a los infieles no es, desde esta perspectiva, un pecado, sino un paso hacia delante, un ascenso en el camino de la religión. Existe el fuerte deseo de comprender la verdad de Dios, que suele considerarse encerrada en un libro [la Biblia, el Corán, el *Sutra de la Tierra Pura* o el *Libro Rojo de Mao*], que suele ser una narración mítica a la que literalmente se toma como la verdad absoluta (Elías ascendió a los cielos en un carro mientras estaba vivo, Dios envió una plaga de langostas sobre los egipcios y mató a todos los recién nacidos varones; Lao-Tsé tenía 900 años cuando nació, etcétera). Quienes creen en la palabra de Dios irán a los cielos, mientras que quienes no creen en ella están condenados a arder eternamente en el fuego del infierno.

La mente operacional concreta o mente regla/rol en la que se asienta esta visión considera muy importantes las reglas y los roles, razón por lo cual hay que seguir esas normas estrictamente. Romper las reglas o transgredir los roles puede abocar a la condena (recordemos que, en este estadio, la excomunión está institucionalizada). Son habituales las jerarquías sociales y religiosas estrictas, como el sistema de las castas o la Iglesia. Y, si bien se aconseja el amor y la compasión hacia quienes pertenecen a un determinado grupo (porque son hijos elegidos de Dios), solo cabe, hacia quienes están fuera del grupo, la conversión, la tortura o el asesinato…, aunque, en el caso de los creyentes más considerados, caben también la caridad y las buenas acciones, porque nunca hay que desdeñar la posibilidad de conversión al pueblo elegido.

Fowler llama «reflexivo-individual» a la *visión racional-moderna* o estadio estructural naranja. Es «reflexiva» porque el escalón básico de las operaciones formales ha agregado la perspectiva de tercera persona, desde la que el individuo puede asumir una visión más reflexiva, objetiva, crítica y hasta escéptica de sus experiencias y creencias. El término «racional» con el que suele conocerse también esta visión no significa árido, abstracto, distante, ferozmente analítico ni nada por el estilo, sino la posibilidad de entender mundos condicionales (es decir, «qué ocurriría si…» y «como si…»), lo que no solo permite cuestionar la verdad literal de las creencias religiosas míticas, sino empezar a interpretarlas también en un sentido metafórico y simbólico. Las creencias básicas tienden a basarse en las pruebas y en la razón. Todos los individuos son tratados del mismo modo, con independencia de raza, color, sexo o credo. En términos de inteligencia espiritual, un ateo, un agnóstico y un creyente pueden hallarse en el nivel racional, siempre y cuando hayan llegado a sus conclusiones a través de la lógica, la evidencia y la reflexión, incluida la conclusión perfectamente aceptable de que la lógica no es la única forma de conocimiento y que la misma consideración merecen modalidades más intuitivas. Cuando Thomas Jefferson se sentó en los escalones de la Casa Blanca eliminando furiosamente de su Biblia con unas tijeras aquellos pasajes que no superaban la prueba de la razón, dejaba también aquellos otros que sí la superaban. Y, cuando el obispo Shelby Spong, un conocido teólogo cristiano, hace esencialmente lo mismo con su Biblia, está despojando sus creencias religiosas de mitos infantiles y asentándolas más en la razón y la evidencia, sin dejar, por ello, de creer en los fundamentos de una fe cristiana basada en las visiones racional y pluralista. El budismo, desde el comienzo, ha sido una visión racional, una visión que no se basa en la fe, el dogma o la autoridad (y habla poco, en consecuencia, si es que lo hace, de dioses y diosas mitológicos) y se asienta, en su lugar, en la razón y en la experiencia (aunque no todos sus seguidores, como veremos, lo vivan desde esos niveles).

Fowler califica de «conjuntiva» la *visión pluralista-postmoderna* o estadio verde de las estructuras. Apoyada en el escalón básico de la estructura de la mente pluralista, asume el mayor número posible de perspectivas (un quehacer que alcanza su

plena madurez en el siguiente estadio, el holístico-integral).
Combinado con el hecho de que está a un solo paso del auténtico holismo de segundo grado, esta visión está profundamente
interesada en la no marginación, la reconciliación y la totalidad.
No se limita a tolerar y aceptar pasivamente otras religiones,
sino que las abraza de forma activa, tratando de entenderlas e
incluirlas en su propia visión del mundo. (Lo único que impide
el logro de ese objetivo es el hecho de que, como todavía se
halla en la conciencia de primer grado, sigue creyendo que la
perspectiva pluralista es la única verdadera, una contradicción
que el postmodernismo, al creer que su visión es superior en un
mundo en el que supone que no hay nada más elevado que otra
cosa, jamás logrará superar.) Desde esa postura «casi integral»
o «medio integral», si es que podemos llamarla así, la visión
pluralista descubre importantes verdades en todas las religiones, aunque se sienta más cómoda con la suya y no es de extrañar que trate de enriquecerla con aspectos procedentes de otras
religiones. Deconstruye las jerarquías tradicionales, defiende
activamente a los oprimidos y desfavorecidos, presenta una
clara sensibilidad ecológica y planetaria y está especialmente
abierta al misticismo natural y al espíritu en tercera persona
en forma de Gran Red de la Vida e historia del universo. Es
socialmente comprometida, apuesta de manera decidida por
los derechos de las minorías y aboga por la sostenibilidad de
toda forma de vida. Se trata de una visión bastante nueva cuya
estructura básica se apoya en la mente pluralista que solo dio un
verdadero paso hacia delante durante las revueltas estudiantiles

de la década de los 1960 fundamentalmente impulsadas desde este estadio. Estas son las conclusiones a las que se llega desde esta altura del desarrollo, razón por la cual la persona que se encuentra en este nivel de la inteligencia espiritual puede ser teísta, no teísta, atea, agnóstica o cualquier combinación posible de todas esas perspectivas.

Uno de sus rasgos distintivos consiste en la negación y condena de toda forma de jerarquía, lo que evidencia su incapacidad para distinguir las jerarquías de dominio (que son realmente aborrecibles) de las jerarquías de actualización (que es el camino que siguen la mayor parte de los procesos de crecimiento de la naturaleza, incluido el ser humano). En las jerarquías de dominio, unos pocos ubicados en los niveles superiores dominan a los muchos, mientras que, en las jerarquías de desarrollo, cada nivel superior es más inclusivo que los anteriores. Una jerarquía de desarrollo básica de la naturaleza, por ejemplo, es la que conduce desde los átomos hasta las moléculas, las células y los organismos. Cada nivel superior de esta jerarquía no oprime, sino que literalmente incluye y abraza al anterior (porque las moléculas no oprimen a los átomos sino que, muy al contrario, las engloban y abrazan). La evidencia a la que habitualmente se apela para condenar toda forma de jerarquía procede de *In a Voice Different*, un libro en el que su autora, Carol Gilligan, afirma que los hombres y las mujeres piensan de manera diferente, y que mientras que ellos subrayan la importancia de los derechos, la justicia, la autonomía y la jerarquía, ellas piensan en términos de relación, cuidado, comunión y ausencia de jerarquía. Pero muchas feministas concluyeron erróneamente que, como la corrupción es sobre todo patriarcal, las jerarquías de dominio son malas y los hombres piensan de forma jerárquica, hay que desdeñar toda forma de jerarquía.

Sin embargo, Gilligan también subrayó un punto habitualmente soslayado según el cual, por más que los hombres piensen de manera jerárquica y las mujeres lo hagan de manera no jerárquica, el desarrollo de unos y de otras discurre a través de los mismos cuatro estadios jerárquicos. En el caso de las mujeres, se trata de los estadios egoísta (egocéntrico), respeto (donde la preocupación se expande desde el yo hasta el grupo, es decir, etnocéntrico), respeto universal (todas las personas o mundicéntrico) e integrado (en donde tanto hombres como mujeres integran la modalidad contrasexual). Dicho en otras palabras, el pensamiento no jerárquico de las mujeres se despliega a través de cuatro estadios jerárquicos, es decir, de una jerarquía de desarrollo. Por ello, cuando las feministas se despojan de toda jerarquía, se alejan también de todo posible desarrollo.

Ese desafortunado movimiento, que nos despoja de toda jerarquía y nos deja en un mundo chato, es propio de la visión pluralista. Resulta lamentable que, en su heroica cruzada por poner fin a toda jerarquía de dominio, el postmodernismo acabe con toda jerarquía de desarrollo, provocando una auténtica catástrofe cultural y espiritual. Por ello podemos decir que uno de los indicadores más seguros de que estamos adentrándonos en los dominios del nivel pluralista del desarrollo consiste en la negación de toda jerarquía u ordenamiento.

Fowler denominó «universalizador» al siguiente estadio, la *visión integral* (altitud esmeralda y turquesa), que, en lo que a estructuras se refiere, nos lleva hasta la misma vanguardia de la evolución. Aunque ha habido raros pioneros integrales que se remontan a hace mil años o más, la conciencia de segundo grado solo superó el 1% de la población en la década de los 1970, una tasa que alcanzó el 5% durante el cambio de milenio, hace poco más de una década. Allí donde aparece, podemos advertir el impulso concomitante a descubrir pautas que conectan, la unidad bajo la diversidad, la totalidad que acompaña a cada parte y la unidad que siempre va de la mano de la diversidad. La emergencia de la modalidad integral (que, en la actualidad, gira en torno al 5%, lejos todavía del profetizado 10%) constituye un extraordinario paso evolutivo hacia adelante cuyo impacto nunca está de más recalcar.

Recordemos que uno de los rasgos distintivos de los estadios integrales propios de los escalones 7 y 8 que se apoyan en la visión lógica inferior y superior (esmeralda y turquesa) es su reconocimiento de las totalidades, conexiones y unidad en la diversidad. En primer lugar, debemos decir que se trata de una conciencia de segundo grado que, a diferencia de lo que sucede con las visiones de primer grado (que creen que sus verdades y valores son los únicos realmente importantes), advierte las importantes contribuciones realizadas por los estadios, escalones y visiones anteriores. Por ello cada nivel acaba convirtiéndose, a lo largo de un proceso de evolución que trasciende e incluye a sus predecesores, en un componente o subholón del nivel inmediatamente superior. Así es como el protón se convierte en parte del átomo; el átomo se convierte en parte de la molécula; la molécula se convierte en parte de la célula, y la célula se convierte en parte del organismo. Cada estadio es una totalidad/parte u holón, y la jerarquía anidada resultante constituye una holoarquía de desarrollo. Los estadios integrales advierten la importancia de cada estadio anterior del desarrollo, no solo en los seres humanos, sino en todo el Kosmos, en un proceso que se remonta hasta el mismo *big bang*. La visión integral se piensa unida a todo el universo, al que considera un Kosmos interconectado, inconsútil, vital, vivo, creativo y consciente. El mismo impulso evolutivo que conduce a totalidades cada vez más elevadas es el que crea mamíferos a partir del polvo cósmico y lo integral de lo arcaico, un impulso intrínseco y fundamental del Kosmos al que Whitehead llamó «avance creativo hacia la novedad» (y la teoría integral denomina «Eros»). Los niveles integrales son creativos y conscientes y cada momento es nuevo, fresco, espontáneo y vivo. Este es el primer estadio que permite integrar el conocimiento con el sentimiento, la conciencia con el ser y la epistemología con la ontología, sin fracturarlas y tratar de «reducir» una a la otra, sino, muy al contrario, reconociéndolas y sintiéndolas como aspectos complementarios de la totalidad inconsútil de la Realidad, que no opera tanto por reflejo o representación como por resonancia mutua encarnada en los cuatro cuadrantes.

A diferencia, pues, de lo que sucedía con la visión pluralista anterior, la visión integral es auténticamente holística, pero no en el sentido de la perogrullada de la Nueva Era, según la cual «todo es lo mismo», sino como fruto de la evidencia de la profunda interconexión del Kosmos. La visión pluralista, como ya hemos visto, aspira a ser holística, omniinclusiva y no marginalizadora, pero aborrece la visión racional moderna, no puede soportar la visión mítica tradicional y se enferma al enfrentarse a una visión auténticamente integral. Pero los estadios integrales son real y verdaderamente inclusivos. En primer lugar, todos los escalones de estructuras anteriores acaban formando parte, en forma de componentes, del escalón integral de la estructura (o visión-lógica), un hecho que se intuye en este estadio. Las visiones, como es obvio, se niegan de modo que quien se halla en la visión integral, no incluye directamente la visión mágica, la visión mítica, la visión racional, etcétera. Esto es, por definición, imposible, porque una visión se genera cuando el yo central se identifica *exclusivamente* con un determinado escalón del desarrollo. Quien se encuentra en la visión racional se identifica de forma exclusiva con el escalón de las operaciones formales correspondiente a ese estadio. Para acceder directamente, pongamos por caso, a la visión mágica (es decir, a la visión que tiene del mundo quien está *exclusivamente identificado* con el escalón impulsivo o emocional-sexual), uno debe renunciar a la razón, a la mente concreta, a la mente representacional y al lenguaje, y regresar a la mente impulsiva (cosa que solo puede ocurrir en caso de lesión cerebral grave). La persona que se halla en el nivel racional tiene acceso completo al *escalón* emocional-sexual, pero no a la *visión* exclusiva propia de ese estadio porque, como ya hemos visto, los escalones se incluyen, mientras que las visiones se niegan. (Del mismo modo que si, en una escalera, uno se encuentra, por ejemplo, en el séptimo escalón, los seis escalones anteriores siguen presentes sosteniendo a este, desde ahí no puede contemplar la visión del mundo que tenía desde un escalón anterior, porque esta desaparece apenas se sube un peldaño. En ese punto, pues, tiene todos los escalones, pero únicamente la visión propia del escalón en el que se encuentra, en este caso, el séptimo.) Quien se halla en el nivel integral no tiene acceso directo a las visiones propias de los estadios anteriores (arcaico, mágico, mítico, etcétera, anteriores), pero sí a sus correspondientes escalones (sensoriomotor, emocional-sexual, conceptual, regla/ rol, etcétera). Sí que es posible, sin embargo, intuir el escalón concreto en que se halla el centro de gravedad de una persona y entender así indirectamente la visión del mundo que está expresando (mágica, mítica, racional, pluralista, etcétera). Y lo que queremos decir cuando hablamos de «incluir estas visiones del mundo» es que la amplitud holística de los niveles integrales les permite tener en cuenta y abrir un espacio para esas distintas visiones. No está completamente de acuerdo con ellas (porque, habiéndolas negado y trascendido, no las incluye en su propia configuración), pero reconoce de manera intuitiva el significado y la importancia de todas las visiones que componen el despliegue evolutivo. También entiende, además, que una persona tiene derecho a detener su proceso en casi cualquier visión que, de ese modo, puede llegar a convertirse en una estación real de la vida, algo que se expresará en sus valores, necesidades y motivaciones. Una sociedad inclusiva realmente iluminada debe dejar espacio suficiente a todos los valores, los valores tradicionales, los valores modernos, los valores postmodernos, etcétera. Todo el mundo nace en la casilla 1 y, desde ese escalón, empieza su proceso de desarrollo de las visiones. Por ello decimos que cada sociedad está compuesta por una combinación peculiar de personas que se encuentran en diferentes escalones de altitud y que tienen visiones distintas del espectro global. En la mayoría de los países occidentales, por ejemplo, el 10% de la población se encuentra en el escalón mágico, el 40% en el mítico tradicional, entre el 40 y el 50% en el racional moderno, el 20% en el pluralista postmoderno, el 5% en el holístico/integral, y menos del 1% en el suprain-tegral. (Y hay que decir que esto varía dependiendo del modo concreto en que lo midamos y que, si el lector advierte que la suma de estos porcentajes no es del 100%, tenga en cuenta la existencia, entre los distintos estadios, de cierto solapamiento.)

La inclusividad solo empieza a entenderse a partir de la visión integral, lo que significa que, en la medida en que la evolución de la sociedad prosigue su camino y se adentra en los niveles integrales, quizás experimente la transformación más decisiva de toda su historia, la trasformación que nos conduzca a una sociedad realmente *inclusiva*. Nunca antes ha habido algo así, porque nunca antes ha habido una transformación a un grado superior. Todas las transformaciones anteriores eran transformaciones de estadio. Pero la transformación que conduce desde el estadio pluralista verde al estadio integral esmeralda/ turquesa no se limita a ser una transformación de estadio, sino que jalona simultáneamente el paso de la conciencia de primer grado a la conciencia de segundo grado, un salto épico, revolucionario y, en última instancia, inédito. No tenemos ningún ejemplo de cómo crear una sociedad realmente inclusiva, una sociedad que, teniendo en cuenta todos los escalones y todas las visiones, dé la bienvenida a todos los estadios del desarrollo y en la que se escuche por igual la voz de todas las visiones (con la ponderación, obviamente, que a cada cual le corresponda).

Una inteligencia espiritual integral no significa fundir todas las religiones en una sola religión universal (como el cristianismo), del mismo modo que una gastronomía internacional tampoco significa fundir todas las comidas en un solo estilo (como, por ejemplo, la comida italiana). Lo que significa, muy al contrario, es que quienes se hallan en los estadios integrales de la inteligencia espiritual tengan acceso a versiones integrales de su fe. Y debemos recordar que los estadios del desarrollo no se caracterizan tanto por el contenido concreto de sus pensamientos como por su grado de complejidad, es decir, por el número de perspectivas inherentes a cada nivel (de primera persona en el caso de las visiones arcaica y mágico-mítica; de segunda persona en el caso de la visión mítica; de tercera persona en la racional; de cuarta persona en la pluralista; de quinta y sexta en la holístico-integral, y de séptima y superiores en la supraintegral). Son muchos, por tanto, los modelos diferentes que caben dentro de cada nivel de complejidad y de conciencia, pero, para que realmente sean integrales y puedan converger, deben incluir los elementos fundamentales de los demás.

A ello, precisamente, aspira el modelo integral OCON (de OmniCuadrante y OmniNivel..., que, dicho sea de paso, también es omnilínea, omniestado y omnitipo). Partiendo de este modelo como marco de referencia, cualquier espiritualidad realmente integral deberá incluir –independientemente de que sea cristiana, budista, musulmana, hindú, judía, etcétera– elementos procedentes de su propia tradición o importarlos, en el caso de ser necesario, de otras tradiciones y disciplinas, incluidas las ciencias.

En el siguiente capítulo resumiremos los elementos que deberá incluir cualquier cuarto giro del budismo, es decir, cualquier budismo (o cualquier espiritualidad) que aspire a ser realmente integral.

# 4. Ejemplo de una espiritualidad más integral

¿Qué podemos añadir, al marco de referencia espiritual actual para actualizarlo, hacerlo más inclusivo e integral y poner en marcha un cuarto giro de la espiritualidad o del Dharma budista del que no nos avergoncemos y sea compatible con los mundos moderno y postmoderno? Immanuel Kant dijo que, en el mundo moderno, el recurso al rezo no puede causar más que vergüenza. ¿De qué tipo de espiritualidad *no* nos avergonzaríamos? Veamos ahora algunos puntos que, en mi opinión, son absolutamente necesarios:

## Escalones y visiones

Comenzaremos hablando de *las estructuras* y de *los estadios de las estructuras del desarrollo* (es decir, de los peldaños y de las visiones). Cualquier espiritualidad realmente integral debe presentar la interpretación de sus principios fundamentales en el lenguaje propio de las distintas grandes visiones. Con ello queremos decir que debe contener una enseñanza mágica, una enseñanza mágico-mítica, una enseñanza mítica, una enseñanza racional, una enseñanza pluralista, una enseñanza integral y una enseñanza supraintegral. Cualquier fe que aspire a ser completa debería contar con una versión mágica para la temprana infancia en la que un héroe (un santo, un sabio o un adepto) de la tradición es tratado como un superhombre, semejante a los superhéroes de los cómics de los sábados por la mañana, que reflejan perfectamente la visión mágica y pueden volar, caminar sobre las aguas, ver a través de las paredes y resucitar a los muertos. (Esto no significa transmitir el mensaje de que, al llegar a la adolescencia, esa religión te convertirá en un superhombre, sino que su práctica proporciona grandes ventajas y ayuda a enfrentarse a muchos de los problemas más difíciles de la vida.)

Cuando el niño se adentra en la edad escolar, la enseñanza mágica debe verse reemplazada por la mágico-mítica («dioses de poder»), que todavía refleja la naturaleza esencialmente egocéntrica del pensamiento, con el impulso y atractivo añadido de nuevos impulsos de poder, aunque cambiando el origen de los acontecimientos «milagrosos» desde «uno» a un «otro» poderoso y abriendo así la puerta al Espíritu como gran Tú y a la posibilidad de recibir ayuda y consejo de otras personas (desde practicantes hasta maestros y sabios de la tradición).

Al final de la escuela y el comienzo de la adolescencia, la enseñanza mágico-mítica debe verse reemplazada por una enseñanza mítica que, con su orientación conformista y centrada en el grupo, se adapte a la mente regla/rol y la presión de los pares propia de este periodo. El final de la adolescencia y el comienzo de la madurez reflejan la transformación fundamental que conduce desde la visión mítico-etnocéntrica hasta la racional-mundicéntrica, quizá la más importante de todas las transformaciones previas a la conciencia de segundo grado. El énfasis debe centrarse aquí en señalar, empleando la razón, las abundantes pruebas que corroboran la existencia de una dimensión espiritual del Kosmos, algo que resulta especialmente más sencillo si tenemos en cuenta la meditación. (Entre las razones que explican la necesidad de aceptar la existencia de la dimensión espiritual hay que destacar los estadios superiores de conciencia de la humanidad, que no dejan de insistir en la presencia, entretejida en la urdimbre misma del universo, de una Realidad última; el «avance creativo hacia la novedad» puesto de relieve por la evolución; las pruebas, aportadas por numerosas ciencias, sobre la naturaleza enactiva e interrelacionada de cosas y acontecimientos aparentemente separados; la conciencia como realidad innegable del universo y, lo que todavía es más importante, la demostración experimental, ateniéndose a determinados paradigmas, prácticas y modelos, desde la contemplación hasta el yoga superior, de la existencia del Espíritu, es decir, de un Dios que no se basa en la fe, sino en la experiencia personal directa.) Un rasgo de la visión racional que la hace muy importante para el mundo actual es la introducción de una perspectiva de tercera persona, que promueve el avance de la religión desde el «nosotros contra ellos» *etnocéntrico* hasta el «todos nosotros» *mundicéntrico* que trata por igual a todos los seres humanos independientemente de raza, color, sexo o credo. Un objetivo fundamental del estadio racional de la inteligencia espiritual consiste en desmitologizar la tradición, despojarla de los elementos mágicos y míticos propios de la infancia de la humanidad, una infancia que no solo se experimenta hoy, sino hace miles de años, cuando se instituyeron la mayoría de las grandes religiones. Pero lo cierto es que, desde entonces, el Espíritu –y, en consecuencia, la espiritualidad– no ha dejado de evolucionar.

En el caso de que desarrollo siga su curso, la visión racional se ve reemplazada, a llegar a la adolescencia, por la visión pluralista, en la medida en que la experiencia demuestra que, además de la racionalidad monolítica, hay muchas perspectivas diferentes sobre el mismo tema o, dicho en otras palabras, que «hay muchas más cosas en los cielos y la tierra de las que sueña nuestra filosofía». El estadio pluralista trata también de asegurarse de que nuestra fe concreta sea inclusiva, socialmente comprometida, sostenible, no opresiva y ecológica. La espiritualidad propia de la visión pluralista es políticamente sensible (habitualmente liberal), tolerante (aunque todavía se sienta molesta con otros sistemas de valores como el mítico, el racional, el integral, etcétera), muestra interés por todo lo «consciente» (desde el capitalismo consciente hasta el envejecimiento consciente y el parentaje consciente), feminista (y, recientemente, masculinista) y está orientada hacia la relaciones («el nuevo Buda será el Sangha»). Y es importante recordar que la persona que se halle en el estadio pluralista de la inteligencia espiritual puede ser atea, teísta, no teísta o agnóstica, en la medida en que llega a sus conclusiones desde una mente pluralista y una perspectiva de cuarta persona.

Es posible (y muy recomendable, por otra parte) introducir modelos y mapas integrales simples en la época del instituto, pero, abandonados a su suerte, los estadios integrales tienden a aparecer a comienzos de la mediana edad, como fruto natural del paso del tiempo. Robert Kegan, el conocido psicólogo del desarrollo de la Universidad de Harvard, estima que es necesario un promedio de cinco años para pasar de un nivel al inmediatamente superior. Los estadios integrales, que suelen acompañar al séptimo gran nivel evolutivo, aparecen a eso de los 35 años. Y, cuantos más individuos avanzan hasta el integral, cada vez son más los que, al llegar al instituto o los primeros cursos de la universidad, se adentran en los niveles protointegrales o integrales tempranos. Sea como fuere, sin embargo, la actitud espiritual de la visión integral presenta los rasgos que a continuación enumeramos. Quizás se resista a incluir a las demás religiones, pero quiere que la suya sea omniinclusiva, es decir, que incluya los ítems presentados en este capítulo y que comienzan con los escalones y las visiones. La espiritualidad integral asume que el individuo crece y se desarrolla a través de diferentes estados, lo que incluye su comprensión y su visión de la espiritualidad. Por ello afirmamos que las enseñanzas espirituales deberían adaptarse, en consecuencia, al lenguaje y nivel de dificultad propios de cada estadio, desde mágico hasta mítico, racional, pluralista, integral y supraintegral.

Cualquier espiritualidad que aspire a ser realmente integral debería incluir también los siguientes ítems (que en breve subrayaremos): los estados de conciencia (y los estadios de los estados o puntos de observación); el centro de gravedad dual del desarrollo global (visión y punto de observación); los cuadrantes (o 1-2-3 del Espíritu); las grandes tipologías (como, por ejemplo, el eneagrama), la sombra y el trabajo con la sombra. Una espiritualidad integral debe reconocer que el Espíritu opera, en el ser humano, a través de dimensiones distintas, aunque igualmente importantes: como la orientación general o perspectiva (o cuadrante), el nivel de desarrollo (o centro de gravedad estructural), el centro de gravedad de estado, el tipo de personalidad y los contenidos inconscientes (o sombra). Si ignoramos estas dimensiones, nuestra visión del Espíritu se verá mutilada y, ciegos a algunas de las facetas más importantes a través de las cuales Dios trata de alcanzarnos, tocarnos, hablarnos y despertarnos, nos veremos obligados a caminar a tientas por el universo. Una espiritualidad realmente integral exige que nos acerquemos espiritualmente a la materia, el cuerpo, el alma y el Espíritu en los ámbitos del yo, la cultura y la naturaleza.

Pero una espiritualidad global también cuenta (aunque, en este momento, solo lo haga de manera potencial) con tres o cuatro escalones más del lado de la vanguardia más avanzada de la evolución, que incluyen los niveles de la inteligencia espiritual (conocidos de forma individual como paramente, metamente, sobremente y supermente y, de forma colectiva, como conciencia de tercer grado). Lo que todas las estructuras de tercer grado tienen en común es algún tipo de identidad o experiencia transpersonal directa. Además, cada estructura de conciencia de tercer grado está asociada, de algún modo, a un estado concreto de conciencia (la paramente con el ordinario, la metamente con el sutil, la sobremente con el causal/Testigo y la supermente con el no dual, aunque esto pueda variar en función de la historia real de cada individuo). Las estructuras y los estados anteriores de primero y segundo grado eran relativamente independientes. El centro de gravedad de estado podía hallarse, por ejemplo, en ordinario, pero evolucionar estructuralmente todo el camino hasta integral sin llegar a objetivar plenamente el estado ordinario (es decir, sin convertirlo en un objeto y trascenderlo). A partir, sin embargo, de la paramente de tercer grado, cada vez que uno experimenta esa estructura entiende o experimenta, de manera implícita o intuitiva, el reino ordinario como algo objetivado, lo que significa que ese estado está íntimamente ligado a la estructura propia de este nivel, lo que da lugar (o puede dar lugar), a estados expandidos como el misticismo natural (que aunque, en los niveles inferiores, pueda ser experimentado e interpretado en función de las visiones propias de esos niveles, no lo es de un modo inherente, cosa que sí sucede a partir de ahora). Este nivel, debido asimismo a su conjunción con el estado ordinario, suele ir acompañado de versiones diferentes de la comprensión de que el mundo físico no es de naturaleza estrictamente física, sino más bien psicofísica. También puede evocar flashes de presencias de estados superiores, como el estado del Testigo o el estado no dual. Y lo mismo sucede con el estado sutil y la metamente, el causal/Testigo y la sobremente y la Talidad no dual y la supermente. Todos esos estados están «mínimamente» conectados con esas estructuras, en el sentido de que la persona que se halle en metamente, por ejemplo, puede haber desplazado su centro de gravedad de estado a sutil, pero ya no podrá seguir adelante sin hacerlo ahora. Y algo parecido sucede también con el reino causal/Testigo y la sobremente y con la Talidad no dual y la supermente.

La diferencia existente entre la supermente y la Gran Mente (si entendemos la Gran Mente como la experiencia de estado de la Talidad no dual o turiyatita) es que esta puede ser reconocida o experimentada en casi cualquier nivel o escalón inferior (desde mágico hasta integral). De hecho, uno puede estar, pongamos por caso, en el estadio pluralista y experimentar varios rasgos esenciales de toda la secuencia de estadios de los estados (desde ordinario hasta sutil, causal, Testigo y no dual), que se verán entonces interpretados en términos obviamente pluralistas (incluida la Talidad no dual). Pero interpretar el Dharma en términos estrictamente pluralistas es una forma tan desafortunada de reduccionismo como hacerlo en términos míticos, racionales, etcétera, cosa que, dada la relativa independencia, en la conciencia de primero y de segundo grado, entre estados y estructuras, lamentablemente ocurre con demasiada frecuencia.

En tanto que escalón de estructura básico (asociado a la Talidad no dual), la supermente solo puede ser experimentada después de la emergencia y desarrollo de todos los niveles anteriores sin que sea posible, como sucede en el desarrollo de toda estructura, saltarse un solo estadio. A diferencia de la Gran Mente, sin embargo, la supermente solo puede experimentarse después de haber atravesado los estadios anteriores de primero, segundo y tercer grado. Como ha demostrado fehacientemente el trabajo de Genpo Roshi, cualquiera puede experimentar, en casi todo el mundo y a casi cualquier edad, el estado de la Gran Mente (que será interpretado en función de la visión propia del estadio actual), mientras que la supermente es un reconocimiento de una extraordinaria rareza. La supermente, en tanto que escalón superior, hasta la fecha, de la estructura del desarrollo, tiene acceso a todas las estructuras anteriores del camino que se remonta y engloba a arcaico (que, a su vez, ha trascendido e incluido y abraza, en consecuencia, todas las grandes evoluciones estructurales que se remontan hasta el *big bang*). (Por ello el ser humano incluye y refleja literalmente todos los grandes desarrollos de la historia del Kosmos, desde las cuerdas hasta los quarks, las partículas subatómicas, los átomos, las moléculas, las células y el Árbol entero de la Vida, hasta llegar al último emergente evolutivo, el cerebro trino, la estructura más compleja del mundo natural conocido.) La supermente, en cualquier individuo, se experimenta como una especie de «omnisciencia» y, al trascender e incluir *todos* los escalones de las estructuras anteriores, está inherentemente vinculada al estado de Talidad no dual superior y tiene un conocimiento total y completo de todas las capacidades potenciales de la persona.

Literalmente, podríamos decir que «lo sabe todo»…, al menos en lo que a ese individuo se refiere.

Una espiritualidad supraintegral no solo presenta todos los rasgos de una espiritualidad integral sino que también incluye, entre otras cosas, la unión inherente de cada estadio con un determinado estado, lo que transmite a aquellos un aroma espiritual o transpersonal (y la correspondiente posibilidad del misticismo natural ordinario, del misticismo teísta sutil, del misticismo sin forma causal y del misticismo Unidad no dual). Estos estados místicos son, obviamente, accesibles a casi todos los estadios inferiores de primero y de segundo grado, aunque probablemente presenten algunas diferencias significativas dada la conjunción inherente, en la conciencia de tercer grado, entre estructuras y estados.

La comprensión de las distintas formas que la espiritualidad asume desde cada una de las diferentes visiones del desarrollo nos permitirá esbozar una especie de *cinta transportadora de la enseñanza y la práctica espiritual* que ilustre las modalidades de enseñanza y práctica de cada tradición en los niveles mágico, mágico-mítico, mítico, racional, pluralista, holístico e integral (y supraintegral que, en el futuro, será cada vez más frecuente). Esta cinta transportadora recogería al individuo en los peldaños inferiores del desarrollo e iría transformándose en cada escalón y visión sucesiva (favoreciendo la transformación de la persona desde mágico hasta mítico, racional, pluralista, integral y supraintegral). Mientras que otras modalidades de inteligencia son libres para acceder a las visiones racional, pluralista, holística e integral (y superiores incluso, en ocasiones), la línea espiritual de la mayoría de las religiones se halla estancada hoy en día en alguna forma de visión mítica, un estancamiento que supone una auténtica catástrofe cultural. La inteligencia espiritual es la única de las inteligencias que evoluciona para interactuar con la realidad última, la verdad última y la bondad última. Mientras que las demás inteligencias solo pueden interactuar con la verdad relativa, la inteligencia espiritual es la única que puede hacerlo con la verdad absoluta. Debería ir uno o dos estadios por delante de las demás inteligencias y servir de guía, pero, estancada como está en el nivel mítico, va uno o dos estadios por detrás. De ese modo, nuestra visión del Espíritu se convierte en un lastre demasiado pesado que obstaculiza nuestro desarrollo y evolución. Dios, desde esta perspectiva, está frenando nuestra evolución ¡cuando, de hecho, es quien la está creando! No debe sorprendernos que los «nuevos ateos» se diviertan tanto a costa de la religión, porque, en su forma mítico-literal habitual, resulta perfectamente apropiada, como ya hemos visto, para un escolar, pero completamente grotesca para un adulto.

Las estructuras y sus visiones son algunos de los ítems más importantes que debería tener muy en cuenta cualquier espiritualidad que aspire a ser realmente inclusiva. Las estructuras son las herramientas con las que la mente ve, experimenta e interpreta el mundo (incluido el estado espiritual y las experiencias meditativas) y, como sucede con casi cualquier otro componente de la mente (y de la naturaleza), se desarrollan con el paso del tiempo. El niño no nace con acceso completo a la lógica, la razón, la visión-lógica, la paramente o cualquier herramienta, capacidad, función o estructura superior a la arcaica. En la medida en que estas distintas capacidades superiores afloran, lo hacen a través de estadios, estructuras, niveles u olas cualitativamente distintas, contribuyendo a crear, en cada uno de ellos, un mundo diferente (con sus distintas y correlativas necesidades, motivaciones, visiones del mundo, capacidades para tolerar, cuidar y amar, madurez moral, sensibilidad estética, sensación de identidad del yo y una buena decena de otras capacidades). Las estructuras son un descubrimiento demasiado reciente en la historia de la humanidad para que los grandes sistemas espirituales, cuyo origen se remonta, en la mayoría de los casos, mil años atrás o más todavía, llegasen a incluirlas. Pero, como las estructuras determinan el modo en que experimentamos e interpretamos el mundo (incluido el modo en que entendemos y experimentamos la espiritualidad), tienen que ver con el modo en que se entiende e interpreta la experiencia espiritual desde cada una de las diferentes estructuras o peldaños básicos del desarrollo de la creación de herramientas mentales y de generación de capacidad interpretativa. Porque hay que decir que, desde cada uno de los grandes estadios, se contempla y experimenta un dios diferente, un Espíritu diferente. Así pues, diferentes dioses (y diferentes Dharmas, dogmas y evangelios o verdades espirituales) adaptados al estadio y a capacidades del escalón en el que emerge. Y, si los unimos todos, tendremos un espectro –o, en una metáfora más gráfica y rotunda, una cinta transportadora– compuesto de diferentes espíritus, hasta llegar a la vanguardia superior y más elevada, en este momento, de la evolución del Espíritu y de la historia del desarrollo humano global (entendiendo que el despliegue espiritual superior no solo es posible, sino también muy probable).

Pero el límite superior del desarrollo espiritual incluye, en cualquier momento de la historia y de la evolución, toda la amplia panoplia de estructuras y estadios que, hasta ese momento, hayan aflorado. Y, con ello, queremos decir que la espiritualidad realmente madura no solo nos permite experimentar una iluminación o despertar completo en nuestro *estado* del desarrollo, sino que tal iluminación no se limita a formas o visiones infantiles o adolescentes, sino que incluye también formas o visiones profundamente maduras, lo que implica las estructuras más sabias, abarcadoras, inclusivas, tolerantes e integrales descubiertas por la humanidad. Esta nueva versión de la iluminación (es decir, del desarrollo pleno) que contempla la existencia de dos centros de gravedad (visión de estructura y punto de observación de estado) se convierte en un nuevo criterio para determinar el crecimiento, el desarrollo y la evolución humana.

En este sentido me gustaría mencionar la obra de uno de mis discípulos más brillantes, Dustin DiPerna, que también es un teórico muy original y creativo. En dos libros titulados *In Streams of Wisdom: An Integral Approach of Wisdom Spiritual Development* y *The Rainbow of Enactment: Transforming Our World's Religions into Conveyor Belts of Evolution*, se esfuerza en proporcionar evidencia extra de alguno de los principios rectores de la espiritualidad integral, incluidos los cuatro grandes vectores del desarrollo (estructuras y estadios de las estructuras o visiones y estados y estadios de los estados o puntos de observación). Y utiliza, para ello, las visiones mágica, mítica, racional, pluralista e integral, los reinos de los estados ordinario, sutil, causal, Testigo y no dual y sus puntos de observación, e ilustra los cinco estadios de las visiones en los ámbitos del cristianismo, el islam, el hinduismo y del budismo.

Como estamos interesados en un posible cuarto giro del budismo, veremos ahora los ejemplos que, al respecto, nos ofrece DiPerna y añadiremos unos cuantos propios. El hecho es que *ya* hay, en cada una de las grandes visiones del desarrollo de las mencionadas estructuras, varias escuelas del budismo; pero no se ha entendido que son interpretaciones del Dharma impulsadas por los diferentes estadios de las estructuras, sino que simplemente se las ha tomado como visiones diferentes –y, en ocasiones, enfrentadas– de una visión individual del Dharma del Buda. Incluir los distintos escalones de las estructuras y visiones en la imagen contribuye a aclarar extraordinariamente lo que *ya* ocurre (sin que sea necesario entenderlo).

El budismo, a diferencia de lo que pasa con la mayoría de las religiones, empezó siendo un sistema fundamentalmente racional. Y conviene señalar que no estamos utilizando aquí el término «racional» en su acepción de algo árido, abstracto, analítico y alienado. Nos referimos, muy al contrario, a la capacidad de asumir, al menos, una perspectiva de tercera persona que permite la introspección, la reflexión sobre la propia conciencia y experiencia, la adopción de una postura crítica y autocrítica, la comprensión de los mundos «y qué pasaría si...» y «como si» y dar un paso atrás y asumir una visión más desidentificada y desapegada del yo. De todo esto habla el libro *Buddhism: The Rational Religion*. Yo creo que es precisamente su núcleo racional el que ha convertido al budismo en algo tan atractivo para el Occidente moderno. Como tanta gente ha señalado, el budismo se asemeja más a una psicología que a una religión. Obviamente, la mayoría de las escuelas de budismo subrayan la importancia central de los estados, pero su interpretación es racional, objetiva o basada en la evidencia.

Nadie, absolutamente nadie, nace en el nivel racional. Todo el mundo empieza su proceso de desarrollo en el escalón sensoriomotor y su correspondiente visión arcaica y avanza, desde ahí, pasa al mágico, el mítico, el racional, el pluralista, el integral y el supraintegral (en donde, finalmente, el desarrollo se detiene). Y ello significa que individuos de todos los estadios pueden verse atraídos por el budismo y que, a lo largo de los siglos, han aparecido budistas que se han basado en esos diferentes estadios.

En su libro *Buddhism and Society*, Melford Spiro divide al Theravada birmano en tres grandes grupos que son el equivalente exacto a mágico, mítico y racional. Al primero de ellos, fundamentalmente preocupado por el empleo de hechizos y conjuros mágicos para protegerse de los espíritus del mal, le llama budismo apotropaico. Este es un ejemplo de enfoque puramente mágico, que Dustin complementa con las versiones literales de las escuelas de la Tierra Pura, según las cuales basta, para garantizar el renacimiento en el cielo de la Tierra Pura, con la repetición del nombre del Buda.

Spiro denomina budismo kammático al segundo tipo de budismo, que se dedica a generar mérito para un futuro renacimiento, una visión mítica típica aderezada con un toque de elementos mágicos. Este es un caso que Dustin ilustra con la guerra etnocéntrica emprendida, en Sri Lanka, por los budistas sinhala, que presentan una gran «familiaridad» con los fundamentalistas mítico-literales de los que hablan Marty y Appleby, caracterizados por una fuerte sensación de identidad religiosa («creyentes verdaderos»), fronteras sociales muy estrictas («nosotros contra ellos»), confianza en el mito, etcétera. Los budistas sinhala se consideran «dueños y custodios de las enseñanzas budistas», afirman conservar la pureza y la versión correcta del Dharma y son «chovinistas étnicos» en guerra (santa) continua con los tamiles hindúes, a quienes consideran enemigos de la verdad. Este es, en realidad, un estadio mítico fundamentalmente etnocéntrico y absolutista.

Spiro denomina budismo nibbánico al tercer grupo, que está interesado en alcanzar el nirvana a través de una experimentación de estados como la descrita por el Theravada. Es muy probable que este budismo racional (incluido su énfasis en los estados) sea, como ya hemos señalado, el más cercano a las enseñanzas originales del buda Gautama. La naturaleza racional del budismo primitivo pone de relieve que no era etnocéntrico (como mítico), sino mundicéntrico (es decir, que trata por igual a todo el mundo, independientemente de la raza, el color, el sexo o el credo, sin establecer distinciones entre los miembros de «nuestro grupo» y «los otros»). Por ello los budistas primitivos se abrieron a los intocables, habitualmente excluidos de las demás religiones, un factor que explica su rápida difusión por toda la India. Dustin también incluye, en este grupo, a D.T. Suzuki, el famoso autor zen japonés que probablemente más hizo por introducir el budismo zen en Occidente. La historiadora Lynn White señala que el efecto de la traducción al inglés de *Ensayos sobre budismo zen*, de D.T. Suzuki, fue semejante al que tuvo la traducción de la Biblia latina al inglés. En cerca de una docena de libros, Suzuki nos explicó detenida y racionalmente, con una brillantez extraordinaria, la esencia no racional del zen.

La visión pluralista se caracteriza por una gran preocupación social y un profundo interés por la justicia social; es igualitaria y antijerárquica; está realmente preocupada por el entorno y por cuestiones ecológicas; apuesta por la sostenibilidad y las energías renovables; minimiza la importancia de cualquier otro tipo de ordenamiento; es antipatriarcal y antibelicista; es profeminista y está profundamente comprometida socialmente. Esa es, dicho en otras palabras, la forma estándar del budismo en el mundo occidental que Dustin ilustra con el caso del budismo socialmente comprometido.

Esto, como ya he señalado anteriormente, generó todo tipo de problemas a la primera ola de maestros orientales que, en los años 1960 y 1970, llegaron a Occidente. La mayor parte de ellos procedían de culturas míticas y de sustratos etnocéntricos y eran, en consecuencia, autoritarios, jerárquicos, patriarcales (y, por tanto, sexistas), xenófobos, demasiado a menudo homófobos y solían asumir una posición de autoridad incuestionable. Tampoco estaban acostumbrados a moverse en el clima de apertura y libertad sexual de sus discípulos, que esperaban de ellos una pureza radical (un criterio que la mayoría de ellos no podían satisfacer). Cuando esos maestros míticos (o, en el mejor de los casos, racionales), se encontraron con estudiantes fundamentalmente pluralistas, tuvo lugar un auténtico choque de visiones. Y las cosas se complicaron más debido al hecho de que los maestros, aunque rezagados con respecto a sus discípulos en desarrollo estructural y visión, se hallaban mucho más avanzados en lo que respecta a estados y a estadios de los estados (muchos de los cuales se encontraban en los estadios causal y no dual). Esto confundió profundamente a sus discípulos, que no lograban discernir si el consejo de su maestro procedía de una visión mítica obsoleta o del punto de observación de un estado realmente avanzado. «¿Cómo puede saber tanto de estados superiores y mostrarse, no obstante, tan homófobo? ¿Cómo puede estar tan despierto para alcanzar la no dualidad y comportarse, sin embargo, de un modo tan autoritario? ¿Cómo puede, en suma, estar tan liberado y aprovecharse tanto de sus discípulas?»

Estas discrepancias entre estructuras y estados generaron muchos problemas y dolores de cabeza en ambos bandos. Conozco a un par de maestros zen estadounidenses que, para recibir la transmisión completa, tuvieron que tragarse el sapo del consejo estructuralmente obsoleto que acompañaba a una enseñanza de estado muy avanzada. Finalmente, los dos acabaron renunciando a su supuesta autoridad ortodoxa y conservan recuerdos muy ambivalentes de su entrenamiento.

Todo ello explica por qué es tan importante, para el budismo actual, un cuarto giro de la rueda que nos aproxime a un enfoque integral. Entender los escalones básicos de las estructuras y sus visiones y los grandes reinos/estado y sus puntos de observación supondría una auténtica revolución en nuestra comprensión de la espiritualidad y de su desarrollo. Supondría un extraordinario paso hacia delante que el budismo (o cualquier otra espiritualidad) asumiera la fórmula que descubre mil misterios, según la cual los estados se ven interpretados por las estructuras.

## Estados y puntos de observación

El segundo gran ítem que debería incorporar un cuarto giro o una espiritualidad integral son los *estados* y los *estadios de estados* (o *puntos de observación*). Esto es algo que ya incluyen muchas escuelas budistas (con las excepciones, como ya hemos dicho, de los budismos mágico, mítico y pluralista). Pero la mayoría de las formas occidentales de religión todavía carecen de experiencia cumbre espiritual directa, por no decir nada de sistemas contemplativos que abarquen la totalidad del espectro que va de ordinario a no dual. Esto es, en cierto modo, algo extraño, porque casi todas las formas de religión occidental (y oriental) partieron de los estados y experiencias místicas cumbre de su fundador. El primer encuentro cristiano (Pentecostés) se vio jalonado por el misticismo del reino sutil (llamas rodeando las cabezas, descenso de palomas, etcétera) y, durante varios siglos a partir de ese momento, la conciencia cristiana se vio definida por la experiencia mística («Deja que esa conciencia esté en ti como lo estaba en Jesucristo, para que todos podamos ser uno»). Entonces uno buscaba a un maestro cristiano que fuese santo, es decir, iluminado. Pero, cuando el poder de la Iglesia aumentó («Fuera de la Iglesia no hay salvación»), el cristianismo escamoteó la experiencia mística directa y la trocó por normas, creencias y narraciones míticas. Entonces fue cuando la experiencia del Espíritu se vio reemplazada por la repetición de esos credos. La Contrarreforma, por ejemplo, prohibió casi todas las ramas contemplativas de la Iglesia y la Inquisición española se encargó de reprimir severamente cualquier experiencia de la Suprema Identidad, es decir, de identidad entre el alma sutil y el dios causal en la Divinidad no dual. Sabios como Giordano Bruno ardieron en la hoguera por atreverse a cruzar esa línea, por no hablar de las más de 300.000 mujeres acusadas de «brujería» y quemadas por sus revelaciones experienciales. (El extraordinario Meister Eckhart, universalmente considerado uno de los mayores sabios que el mundo ha conocido, vio cómo la Iglesia condenaba sus tesis. ¿No les da mucho que pensar que, mientras Eckhart está hoy en los cielos, sus tesis ardan en el infierno?)

Y, cuando los estados se prohibieron porque, a diferencia de lo que sucede con las creencias y los credos míticos,
quedan fuera del control de la Iglesia, las estructuras míticas
propias de la inteligencia espiritual de ese periodo (adecua-
das, en tanto que estructuras, a la fase prerracional previa a
la Ilustración) quedaron libres para moverse a su antojo. Este
lamentable movimiento generó un doble problema porque,
además de arrojar por la borda los estados, acabó convirtiendo
en un dogma incuestionable la visión mítico-literal de la inteligencia espiritual. A ello, precisamente, se debe que, mientras
otras inteligencias (en los ámbitos de la ciencia, la medicina, el derecho, el arte, la educación y la política) avanzaron
hasta la razón moderna, el pluralismo postmoderno y el nivel
integral, la religión quedó atrapada en el nivel mítico-literal,
es decir, en un nivel etnocéntrico, racista, sexista, patriarcal,
dogmático e incuestionable. (No hace mucho que el papa Be-
nedicto XVI dijo que permitir el sacerdocio de las mujeres
sería el equivalente al pecado de pederastia. Pero ¿cuál de
ambas cosas, sin pretender ofender a nadie, habría experimentado el papa Ratzinger para atreverse a emitir semejante
juicio?) Así fue como se estancó el desarrollo espiritual del
mundo occidental. Al proscribir los estados espirituales (es
decir, el modo en que despertamos), la inteligencia espiritual
(es decir, el modo en que crecemos) quedó atrapada en el
nivel mítico propio de un niño de 7 años de hoy en día. Este
es, en suma, el lamentable estado en el que se encuentra la
espiritualidad actual. No debería extrañarnos, pues, que haya

tanto interés en un cristianismo integral y en otras formas de compromiso espiritual.

Pero hay que señalar que ni las escuelas espirituales que, como el budismo, han atribuido un papel fundamental a los estados y a los puntos de observación, por ejemplo, han tenido en cuenta los escalones de las estructuras y las visiones y tampoco han advertido que cada estado y punto de observación debe ser interpretado en función de visión propia del estadio en que la persona se encuentra. Recordemos que casi cualquier persona puede hallarse en casi cualquier escalón de la conciencia de primer o de segundo grado (desde mítico hasta racional o pluralista, por ejemplo) y desarrollarse meditativamente, desde ese escalón, a través de toda la secuencia de estadios de los estados (por ejemplo, desde pluralista ordinario hasta pluralista sutil, pluralista causal/testigo y pluralista no dual o desde ordinario racional hasta sutil racional, causal/testigo racional y racional no dual). Pero quien se halle, por ejemplo, en racional no dual, experimentará una unión (es decir, una no dualidad) entre Vacuidad y forma con un mundo que solo incluirá los fenómenos hasta racional. Y como todavía quedarán, «por encima de su cabeza», fenómenos por desarrollar, su conciencia no tendrá acceso al mundo pluralista, el mundo holístico, el mundo integral y el mundo supraintegral. Es imposible ser uno con mundos que todavía se hallan lejos del alcance de la conciencia; es imposible ser uno con todo aquello que, para uno, no existe. Y, por encima del nivel en que ese individuo se encuentra –que es uno con todo el mundo físico, uno con todo el mundo biológico y uno con todo el mundo mental (desde sensoriomotor a emocional-sexual, conceptual, operaciones concretas y operaciones formales)–, todavía quedan los reinos pluralista, holístico, visión-lógico y supraintegrales. Por ello, si un objeto de cualquiera de estos dominios entra en su conciencia, no los reconocerá, le parecerán desconcertantes y absurdos o ni siquiera lo registrará. En el caso, pues, de que esa persona tenga una experiencia de unidad no dual (independientemente de que ocurra en el nivel mítico, en el racional, en el pluralista, etcétera), solo será uno con *su* mundo, no con todo *el* mundo, porque todavía habrá, por encima de su cabeza, mundos y estructuras de los cuales será completamente inconsciente (y su unidad, por tanto, no será *completa*). Por más auténtico que sea su estado no dual de unidad entre Vacuidad y forma, solo será «uno con la forma que realmente forme parte de su mundo».

Por ello consideramos que una espiritualidad realmente comprehensiva debe incluir tanto las estructuras como los estados. No estaría mal que, cuando uno emprende un proceso de desarrollo de estados como la meditación, por ejemplo, emprendiese también un programa de desarrollo de estructuras, como el trabajo de Kegan y Lahey sobre el lenguaje y la resistencia al cambio, la metapráctica del Instituto Integral o cualquiera de las variedades de lo que Zak Stein denomina «altitud operacional» (en donde «altitud» se define como «grado de crecimiento y desarrollo vertical [es decir, de estructura]»). Y esto es importante porque la persona que, hallándose, por ejemplo, en la visión mítica, emprenda una práctica meditativa budista que le lleve a cambiar su centro de gravedad de estado hasta llegar a la Talidad no dual interpretará ese estado con las herramientas mentales propias de una modalidad etnocéntrica, con la correspondiente creencia en un pueblo o en un camino elegido y la creencia de que su camino es el único que puede proporcionar la auténtica liberación (como ya hemos visto que ocurre en algunas escuelas budistas). Y es que, por más que hayan asumido el voto del *bodhisattva* de liberar a todos los seres, también pueden tener dificultades en aceptar realmente a un musulmán, un cristiano o las personas con creencias místicas no duales. El libro *Zen at War* está lleno de ejemplos de creencias estrictamente etnocéntricas de conocidos maestros zen, lo que demuestra que no se trata de un problema aislado ni despreciable.

La tesis de graduado de Jeffery Martin para el Instituto de Estudios Integrales de California utiliza la Escala de Misticismo de Hood (que mide la coherencia y tipo de experiencias de estado) y la Escala de Desarrollo del Ego de Susann Cook-Greuter (que mide los estadios de las estructuras por las que atraviesa la identidad del yo) para demostrar la ausencia de correlación entre el estadio de la estructura y el desarrollo de estados. Esa es la razón por la cual nos parece esencial que una espiritualidad realmente eficaz incluya tanto el desarrollo de los estados como el desarrollo de las estructuras (es decir, de los puntos de observación y de las visiones).

## El trabajo con la sombra

El tercer ítem que debemos considerar tiene que ver con la *sombra* y el *trabajo con la sombra*. Como ya hemos dicho, muy pocos sistemas espirituales –si es que hay alguno– admiten y tienen en cuenta la importancia de la sombra. Es cierto que, milenios antes de que Jung hablase del inconsciente colectivo, había una conciencia de las emociones negativas y sus efectos, de diferentes tipos de manchas y hasta de un conciencia-almacén. Pero los mecanismos de defensa concretos que generan tipos de inconsciente psicodinámicamente reprimido son, hablando en términos generales, descubrimientos del Occidente moderno (paradójicamente estimulado, en muchos casos, por el estudio de los sistemas orientales y su compleja comprensión del *prana* y sus vicisitudes [en donde *prana* es la energía biológica, el *élan vital* o la libido], a lo que posteriormente se añadieron conceptos como represión, negación e inconsciente individual).

La existencia de la sombra se debe básicamente a la naturaleza de los procesos evolutivos, tanto en el plano de las estructuras como de los estados por los que atraviesa el psiquismo. Ya hemos visto que, en cada secuencia evolutiva, el yo central (o proximal) empieza identificándose con una estructura básica o con un estado, a través de los que luego contempla el mundo (y generando una visión o punto de observación). Mientras se halla en esa estructura o en ese estado, el yo necesita abrazar e integrar todos los grandes rasgos de esa dimensión, es decir, todas las cualidades, pensamientos, sentimientos, necesidades e impulsos propios de esa estructura o de ese estado. Y, en el caso de que fracase en integrar adecuadamente cualquiera de esos elementos, seguirá inmerso y confundido con ellos (lo que implica un fracaso en la diferenciación) y provocando, en consecuencia, una adicción a esos elementos (que, en el caso del reino ordinario, son la comida, el sexo, el poder, etcétera; en el del reino sutil son la luminosidad y la claridad del alma y, en el del reino causal, son los arquetipos) o acabará disociándose o enajenándose de ellos (lo que se conoce como fracaso en la integración), provocando entonces una alergia a esos mismos elementos (comida, sexo, poder, etcétera). Y es mucho más probable que estas disfunciones ocurran en el momento del desarrollo en que tiene lugar la transición de una estructura a otra (lo que llamamos «fulcro») o de un estado a otro (lo que llamamos «punto de inflexión»).

Si al pasar, por ejemplo, de la fase oral a la genital, el yo no logra diferenciarse adecuadamente de los impulsos orales, seguirá identificado y confundido con ellos, desarrollando una fijación (una adicción oral, en este caso) que le llevará a tratar de satisfacer con comida otras necesidades y emplear el alimento para generar bienestar. Si, por otra parte, la diferenciación y desidentificación de la fase oral (que supuestamente ocurre) es excesiva y desemboca en una disociación o enajenación, el yo desarrollará una alergia a la comida que provoca problemas alimentarios como la bulimia o la anorexia. En ambos casos, se genera una subpersonalidad asociada a la comida que, desde el inconsciente en el que yace, envía de continuo síntomas y símbolos, interpretando en clave alimenticia la mayoría de sus interacciones y relaciones. Lo que entonces ocurre es que el reino (o «estructura») oral permanece, pero se relaja la identificación exclusiva con él (y con la visión que, desde él, se tiene) o, dicho de otro modo, que uno sigue necesitando comer, pero ya no tiene una fijación oral. El reino perdura, pero la visión se trasciende.

(Robert Kegan resumió el desarrollo diciendo algo que resulta tan cierto para las estructuras como para los estados: «El sujeto de un estadio acaba convirtiéndose en el objeto del sujeto propio del siguiente estadio». Una subpersonalidad es un sujeto de un estadio que se niega a convertirse en objeto del estadio siguiente, con lo cual no es un auténtico «objeto», sino un «subsujeto». Dicho en otras palabras, es un «yo» que, al no querer convertirse en un «mí», sigue sumido en el «yo» central o se escinde en un «subyó» [que es, en ambos casos, inconsciente] y no se convierte en un objeto apropiado de conciencia. Esto es algo que puede suceder en casi cualquier estructura y en casi cualquier estado del desarrollo.)

Y lo mismo ocurre, especialmente en los puntos de inflexión, con los estados. Cuando durante el desarrollo de los estados el yo pasa, por ejemplo, de ordinario a sutil, su centro de gravedad cambia desde el ego ordinario hasta el alma sutil, es decir, hasta el yo exclusivamente identificado con el reino sutil y su punto de observación (y consciente todavía del reino ordinario, aunque ya no exclusivamente identificado con él, el reino/estado permanece, pero el punto de observación se pierde). Y lo mismo ocurre cuando el yo se prepara para pasar al reino causal, momento en el cual debe renunciar y morir a sí mismo. Si el yo teme esa muerte, seguirá secretamente identificado o apegado al alma (en una adicción al alma), lo que impedirá la verdadera comprensión del reino causal. De este modo, la conciencia no se librará de esa personalidad, sino que seguirá sutilmente identificada o apegada a ella. Si esa diferenciación y desidentificación, por el contrario, es excesiva y desemboca en una disociación y enajenación, tendrá lugar una alergia del alma, en cuyo caso, la persona no trascenderá el alma, sino que la escindirá y generará una subpersonalidad del alma inconsciente a la que odia, aborreciendo al alma sutil dondequiera que aparezca, ya sea en el ámbito de la teología, de la psicología o en los demás. Pero lo que, en tal caso, la persona odia es su alma sutil que, al no haber sido adecuadamente trascendida, acaba enajenándose de manera disfuncional.

Ahora bien, la mayoría de esas partes disociadas y enajenadas empiezan siendo un aspecto del yo (es decir, una cualidad, un pensamiento o un sentimiento propio de la primera persona), que se ve reprimido por un mecanismo de defensa (compuesto, por cierto, por el mismo tipo de material del que está hecho el escalón básico en que se encuentra, desde la introyección y proyección en la misma frontera básica entre el yo y los demás propia del reino sensoriomotor hasta la represión dinámica de la mente conceptual propia del estadio intencional, las dificultades de atenerse a normas o asumir roles de la mente regla/rol o la división holística llevada a cabo por la visión-lógica propia de los estadios integrales) y enajenado mediante un mecanismo de defensa propio del escalón, hasta convertirlo en un elemento inconsciente de segunda persona (es decir, en un «otro») o hasta en un elemento completamente ajeno de tercera persona (es decir, en un «ello» que se proyecta luego en «él», «ella» o «ellos»).

Por eso decimos que se trata de un proceso 1-2-3, es decir, de un proceso que pasa de la primera persona a la segunda persona y, finalmente, a la tercera persona. Y también es por ello que el Instituto Integral ha desarrollado, para trabajar con estos elementos de la sombra, un proceso inverso (3-2-1). Supongamos, por ejemplo, que una persona esté muy enfadada (un impulso en primera persona), pero que, por razones muy diversas (como, por ejemplo, el hecho de que el enfado resulte inaceptable para sus padres, su religión o su cultura), lo aleja de su conciencia y lo disocia (convirtiéndolo en una segunda persona, en un «otro») y acaba proyectándolo en los demás (lo que lo convierte en una tercera persona, es decir, en «él», «ella» o «ellos»). Y, como todo el mundo parece ahora enfadado con ellos (porque saben que alguien está muy enfadado, pero, como no pueden ser ellos, debe ser otra persona), no es de extrañar que acaben desarrollando, a modo de respuesta, miedo o depresión que quizás aflore, en forma de pesadilla, bajo el disfraz de un monstruo devorador.

El proceso 3-2-1 empieza identificando la tercera persona ante la que uno (ya sea en la vida o en los sueños) reacciona más positiva o negativamente; es decir, se empieza identificando quién es la persona más admirada o la más temida (y las receptoras, respectivamente, de la proyección de las cualidades más positivas o más negativas). Luego uno se aproxima a esa figura (héroe o monstruo) y entabla con ella un diálogo yo-tú que la convierte en una segunda persona («¿Quién eres? ¿Qué es lo que quieres? ¿Por qué estás aquí?»). Después asume el rol de esta segunda persona (héroe o monstruo), se identifica con ella y habla *como* ella, hasta reincorporar la cualidad, sentimiento o rasgo con los que esa proyección estaba cargada y los asume como los elementos de primera persona que, en realidad, es. Y, adecuadamente realizado, este proceso va acompañado de una sensación de alivio y liberación.

Este es un proceso que la mayoría de los meditadores encuentran sencillo y agradable. Puede practicarse unos pocos minutos a primera hora de la mañana (con los contenidos más atractivos o perturbadores del sueño) y/o unos pocos minutos antes de dormir (con la persona más admirable o irritante con la que ese día nos hayamos encontrado). Y también puede realizarse cuando, en medio de la meditación, oración contemplativa o práctica que uno esté llevando a cabo, irrumpa algún elemento especialmente perturbador (exageradamente atractivo o desproporcionadamente repulsivo). Bastará entonces con unos pocos minutos de proceso 3-2-1 para aclarar rápidamente la conciencia y continuar luego con la práctica en cuestión.

Existe una versión del proceso 3-2-1, que conocemos como proceso «3-2-1-0», que implica la práctica conocida como «transmutación de las emociones». Ya hemos visto el extraordinario poder que tiene la visión tántrica de la no dualidad, que no consiste en renunciar a las emociones negativas ni en empeñarse en transformarlas de forma gradual, sino que se adentra directamente en la emoción con la conciencia no dual, lo que la transmuta casi de inmediato y pone de relieve su correspondiente sabiduría trascendental (de modo que la ira, por ejemplo, acaba revelándose como la resplandeciente claridad de la conciencia no dual).

Para que este proceso, sin embargo, funcione bien, la emoción original debe tratarse de una emoción verdadera, lo que significa que la emoción negativa con la que uno trabaja debe ser una emoción concreta y no una forma desplazada, reprimida o negada de una sombra negativa. Porque eso es, precisamente, lo que hacen la represión, la disociación y la enajenación, distorsionar una emoción verdadera hasta convertirla en una forma falsa y errónea de emoción. En el caso mencionado de la ira enajenada que aflora, durante el sueño, en forma de monstruo, por ejemplo, es muy probable que ese monstruo genere emociones de miedo, no de ira. En modo alguno resulta entonces evidente que ese miedo sea el resultado de una ira proyectada que aflora en forma de miedo verdadero, real y auténtico. Si uno, por tanto, está trabajando con la transmutación de las emociones, debe hacerlo con el miedo y la intención de llegar a la conciencia no dual que está detrás del miedo. Pero como ese miedo no es una emoción verdadera, no es la emoción originalmente generada (mientras que la ira sí lo es), la transmutación de esa emoción inauténtica solo provocará una sabiduría inauténtica, una sabiduría que no se ve generada por la energía real y exacta de la emoción original, sino que se tratará de una sabiduría distorsionada derivada de una emoción distorsionada. Y esto no solo puede ser poco liberador, sino resultar también muy dañino, porque la falsa emoción se ve entonces inflada hasta alcanzar dimensiones trascendentes.

Pero si uno lleva a cabo, con ese miedo, un proceso 3-2-1, no tardará en revertirlo a su forma original y auténtica de ira. Y, si *luego* emprende el proceso de transmutación de las emociones con esta emoción auténtica, acabará descubriendo la verdadera sabiduría trascendental que tras ella se ocultaba (es decir, la claridad luminosa y resplandeciente). Le llamamos proceso «3-2-1-0» porque la Conciencia no dual supera la dualidad sujeto-objeto, con lo cual, trasciende, provisionalmente al menos, la «primera persona» en una «ninguna persona», en «ningún sujeto» (es decir, en la no dualidad sujeto-objeto o «0 persona»). (Recomendamos al lector que se sienta interesado por esta práctica la lectura del libro *La práctica integral de vida*, que contiene un capítulo dedicado a los procesos 3-2-1 y 3-2-1-0. Son muchos los libros sobre la práctica del budismo tibetano de la transformación de las emociones que pueden consultarse, pero antes debemos asegurarnos de que hemos hecho un proceso 3-2-1 o una práctica similar para confirmar que estamos trabajando con una emoción negativa original y no con la reacción emocional a una proyección.)

Este no es más que un ejemplo del trabajo con la sombra, pero que a menudo basta para trabajar con el material procedente de la sombra. Y siempre podemos, en el caso de que sea necesario, consultar con un terapeuta profesional.

Los contenidos de la sombra pueden haberse generado en casi cualquier visión de casi cualquier escalón de la estructura y en casi cualquier punto de observación de casi cualquier reino/estado. Independientemente de lo sano que sea el propio desarrollo estructural o de lo exitoso que sea el desarrollo de estado meditativo, una distorsión de la sombra puede complicar mucho las cosas. Sabemos por experiencia larga, dura y amarga desde la época de la introducción de la meditación en Occidente (hace ya de ello unos cuarenta años) que la meditación no cura los problemas de la sombra, sino que, muy a menudo, los intensifica. Todos conocemos a maestros de meditación que, pese a ser extraordinariamente brillantes en lo que respecta al desarrollo de los estados, también son, en lo que respecta al desarrollo estructural, verdaderos neuróticos impulsados por la sombra…, por decirlo amablemente. Convendrá pues incluir en nuestra práctica meditativa, si no queremos convertirnos en víctimas de nuestra propia sombra, algo de trabajo con la sombra.

## Cuadrantes

El cuarto ítem que hemos de tener en cuenta son los *cuatro cuadrantes*, dicho en pocas palabras, las cuatro perspectivas o dimensiones que presentan todos los fenómenos. Uno puede contemplar cualquier cosa o acontecimiento desde el interior o

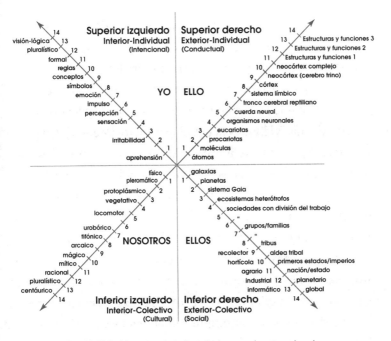

**Superior izquierdo**
Interior-Individual
(Intencional)

14 visión-lógica
13 pluralístico
12 formal
11 reglas
10 conceptos
9 símbolos
8
7 emoción
6 impulso
5 percepción
sensación
4
3
irritabilidad 2
1
aprehensión

**YO**

**Superior derecho**
Exterior-Individual
(Conductual)

**ELLO**

14
13 Estructuras y funciones 3
12 Estructuras y funciones 2
11 Estructuras y funciones 1
10 neocórtex complejo
9 neocórtex (cerebro trino)
8 córtex
7 sistema límbico
6 tronco cerebral reptiliano
5 cuerda neural
4 organismos neuronales
3 eucariotas
2 procariotas
1 moléculas
átomos

físico
pleromático 1
protoplásmico 2
vegetativo 3
locomotor 4
5
uróborico 6
titónico 7
arcaico 8
mágico 9
mítico 10
racional 11
pluralístico 12
centáurico 13
14

**NOSOTROS**

galaxias
1 planetas
2 sistema Gaia
3 ecosistemas heterótrofos
4 sociedades con división del trabajo
5 "
6 grupos/familias
7 "
8 tribus
recolector 9 aldea tribal
hortícola 10 primeros estados/imperios
agrario 11 nación/estado
industrial 12 planetario
informático 13 global
14

**ELLOS**

**Inferior izquierdo**
Interior-Colectivo
(Cultural)

**Inferior derecho**
Exterior-Colectivo
(Social)

**Figura 4.1.** Algunos detalles de los cuatro cuadrantes

desde el exterior y de un modo tanto individual como colectivo, lo que nos proporciona cuatro perspectivas diferentes. (Véanse, en la figura 4.1, los cuadrantes con algunos detalles generales; la figura 4.2 [véase pliego central] se centra en algunas características humanas; la figura 4.3 muestra diferentes tipos de verdad y en la figura 4.4 aparece el aspecto que tendría una medicina integral.)

Como ya hemos visto, estas dos dimensiones (interior/exterior e individual/colectiva) nos proporcionan cuatro grandes combinaciones, el interior del individuo, es decir, el espacio del «yo», al que se accede a través de la introspección y la meditación, que contiene pensamientos, imágenes, ideas, sentimientos y emociones y cuya forma de verdad es la «veracidad» («¿Es verdad que llueve cuando digo que está lloviendo?»); el exterior del individuo, es decir, el espacio del «ello», que puede verse objetivamente a través de la observación y contiene átomos, moléculas, células, sistemas orgánicos, pulmones, riñones, árboles, animales y la conducta de los individuos, todo ello en su forma singular o individual y cuyo tipo de verdad se conoce simple y llanamente como «verdad» (como cuando se dice «¿Es verdad que está lloviendo? o «¿Es cierto que el agua está compuesta por una molécula de hidrógeno y dos de oxígeno?»); el interior de lo colectivo o espacio del «nosotros», al que conocemos como comprensión mutua y que contiene valores, éticas y visiones compartidas del mundo y cuya forma de verdad es el «ajuste cultural», la «justicia», la «adecuación» o la «bondad» (como en «¿Qué es lo que, en justicia, tenemos que hacer con este asesino?»), y el exterior de lo colectivo o espacio del «ellos», que contiene sistemas y estructuras colectivas, instituciones y modalidades tecnoeconómicas de producción (como la recolectora, la hortícola, la agraria, la industrial, la informática, etcétera) que conocemos por observación objetiva de colectivos o sistemas y cuya forma de verdad es el «ajuste funcional» (como en «¿Funciona bien este fenómeno como una unidad?»). Y, si agrupamos en uno los dos reinos exteriores de esas cuatro grandes dimensiones-perspectivas, tendremos lo

|  | **INTERIOR**<br>Caminos de<br>la Mano Izquierda | **EXTERIOR**<br>Caminos de<br>la Mano Derecha |
|---|---|---|
|  | **SUBJETIVO** | **OBJETIVO** |
| **INDIVIDUAL** | veracidad<br>sinceridad<br>integridad<br>honradez | verdad<br>correspondencia<br>representación<br>proposicional |
|  | yo \| ello | |
|  | nosotros \| ellos | |
| **COLECTIVO** | ajuste funcional<br>ajuste cultural<br>comprensión mutua<br>rectitud | justicia<br>red de la teoría sistémica<br>funcionalismo estructural<br>tejido del sistema social |
|  | **INTERSUBJETIVO** | **INTEROBJETIVO** |

**Figura 4.3.** Criterios de validez

que llamamos el «Gran 3», compuesto por el «yo» de primera persona, el «tú/nosotros» de segunda persona y el «ello» objetivo de tercera persona (el yo, la cultura y la naturaleza o, dicho en otras palabras, el Buda, el Sangha y el Dharma).

La aplicación de este marco de referencia OCON («omnicuadrante, omninivel [escalones de estructuras], omnilínea [inteligencias múltiples] omniestado y omnitipo») a cualquier disciplina o actividad humana la convierte en una versión inclusiva o integral. De hecho, el *Journal of Integral Theory and Practice*, la principal revista de revisión paritaria del cam-

| Cuidado alternativo | Medicina ortodoxa |
|---|---|
| Emociones | Cirugía |
| Actitud | Fármacos |
| Imaginería | Tratamiento |
| Visualización | Modificación de conducta |
| **Yo** | **Ello** |
| **Nosotros** | **Ellos** |
| Visiones culturales | Sistema social |
| Valores grupales | Factores económicos |
| Prejuicios culturales | Seguridad social |
| Significado de una enfermedad | Política sanitaria |
| Apoyo grupal | Sistemas de distribución |

**Figura 4.4.** Los cuatro cuadrantes de la medicina integral

po, ha publicado artículos sobre cerca de cincuenta disciplinas diferentes. En la figura 4.4, presentamos una versión de una medicina OCON integral (en donde solo mencionamos los cuadrantes, pero hay que señalar la existencia de versiones más completas que incluyen las demás dimensiones del marco de referencia integral).

Esto resulta espiritualmente importante, porque es posible contemplar el Espíritu desde estas tres o cuatro grandes perspectivas que, en nuestra opinión, deberían incluir cualquier espiritualidad que aspire a ser realmente integral.

El Espíritu en tercera persona es el Espíritu contemplado objetivamente como Gran Red de la Vida o Red de Indra. Se trata de una visión muy popular en los mundos moderno y postmoderno y que está detrás de todo, desde la historia del universo hasta las visiones gayacéntricas. Representa las dimensiones objetivas del Espíritu y suele combinarse con la teoría sistémica (que tiende a centrarse en el cuadrante inferior-derecho, es decir, en la dimensión exterior-colectiva).

El Espíritu en segunda persona se concibe como un Gran Tú o una Gran Inteligencia, es decir, el universo como una realidad sensible, pulsante y vital con la que es posible mantener una relación viva. También es un recordatorio de que la Realidad última siempre será, de algún modo, un Gran Misterio, un Gran Otro que jamás podrá ser conocido o identificado directamente. Es el Espíritu tal como se despliega en el hermoso escrito en el que Martin Buber habla de Dios como una relación Yo-Tú agradecida y entregada. Metafóricamente hablando, el Espíritu es un ser infinito y una inteligencia resplandeciente y un ser inteligente es una persona. En ese sentido, el Espíritu en segunda persona es una dimensión del Espíritu con la que podemos entablar una relación Yo-Tú personal y viva (cuando un maestro espiritual se considera una encarnación viva del Espíritu, como sucede en el caso del gurú de yoga, ese maestro, en tanto que «tú», es también una expresión del Espíritu en segunda persona). «Conversar con Dios» es posible cuando el corazón se abre a la presencia de lo último y escucha humilde y sinceramente su voz. ¿Por qué, si la cúspide de la evolución es el ser humano (es decir, una persona), no podría estar coronada también por una persona la cúspide de la evolución espiritual? Recordemos las lecciones de Nagarjuna de que estas son en última instancia meras metáforas del Espíritu y que lo mismo podríamos decir con respecto a la Gran Red de la Vida, el Ser-Conciencia-Beatitud, Jehová o cualquier otra cualidad o caracterización positiva. En lo que respecta a la verdad relativa, al menos, el Espíritu en primera persona o Gran «Yo» (que veremos a continuación), el Espíritu en segunda persona (o Gran Tú) y el Espíritu en tercera persona (o gran «Ello» o Talidad) nos recuerdan la posibilidad de descubrir el Espíritu como Fundamento y Naturaleza de todas las dimensiones del Kosmos, es decir, de los cuatro cuadrantes. Por ello, cada vez que visualicemos, imaginemos o caractericemos al Espíritu, convendrá tener en cuenta todas las perspectivas y dimensiones disponibles, empezando por los cuatro cuadrantes o Gran 3. Dios en segunda persona nos recuerda simplemente la posibilidad de encontrar el Espíritu en cualquier relación que mantengamos los seres humanos y que cada conversación puede convertirse en una forma sincera de adoración.

Imaginemos ahora que la Inteligencia, que ha dado origen al *big bang* y ha evolucionado hasta llegar a los átomos, las moléculas, las células y los organismos vivos, que ha explotado en los cielos en forma de supernovas y polvo de estrellas, que ha dado lugar a los reinos mágico, mítico, racional, pluralista e integral de la cultura, que late en cada gota de lluvia, resplandece en cada rayo de luna, cae en cada copo de nieve y respira en la vida de todo ser sensible está contemplando ahora directamente desde tus ojos, palpando el mundo con la yema de tus dedos, escuchando con tus oídos, percibiendo con tus sentidos y observando a través de tu conciencia. Este es el Espíritu en primera persona, el Espíritu como único Yo Verdadero, el único y mismo Espíritu que mira a través de los ojos de cada ser sensible, el mismo Yo Verdadero (el único en todo el Kosmos) que late en el corazón y cabalga a lomos de la respiración de cada ser vivo. La sensación de Yo Soy que hay en ti es la misma que la de «Antes que Abraham fuera, Yo Soy», el mismo Yo Soy anterior al *big bang*, el Yo Soy que nunca entra en la corriente del tiempo y solo se encuentra en el ahora atemporal, el Yo Soy que nunca ha nacido y nunca morirá, que no ha sido creado, construido, elaborado ni configurado. Ese Yo Soy es el Espíritu y el Yo de todo el Kosmos hasta el fin de los mundos. ¿Me permites que te lo presente? Este es tu Yo Real.

¿Y cómo puedes encontrar ese Yo Real? Es muy sencillo: sé simplemente consciente, ahora mismo, de lo que sientes que es tu yo, de tu yo típico, cotidiano y ordinario, sé simplemente consciente de eso. Pero date cuenta cuando lo hagas de que, en realidad, son dos los yoes implicados. Por una parte, está el yo del que habitualmente eres consciente (es decir, el que tiene tal estatura, pesa tantos kilos, tiene tal trabajo, mantiene tal relación, etcétera), pero, al mismo tiempo, está el Yo que es consciente de todos esos objetos (es decir, el Yo observador, el Testigo, el Vidente, El que mira). Y resulta que el Vidente no puede ser visto, porque todo lo que puedes ver no son más que objetos que nada tienen que ver con el verdadero sujeto, con el Yo Real, con el Vidente. Este Yo observador o Vidente Real nunca puede ser visto como objeto. Cuando buscas al Vidente real, al Yo Testigo verdadero y te das cuenta de que es *neti, neti* (es decir, que «no es esto, ni aquello» ni ningún otro objeto que pueda ser visto), sino el Vidente mismo, descubres una sensación de Libertad y de Liberación de la identificación con cualquier puñado de pequeños objetos finitos. Este pequeño yo objetivo, que puede ser visto y sentido, no es un Yo Real, no es un Sujeto real, sino un puñado de objetos con los que erróneamente te has identificado. En tal caso, en lugar de identificarte con la Conciencia vacía, abierta, infinita, libre y liberada, lo has hecho con el ego encapsulado en la piel, con la sensación de identidad separada y con la contracción en ti mismo. Esa es, en suma, la causa última de todo sufrimiento, miedo, angustia, tormento, confusión, tortura, terror y lágrimas. Como Filosofía dijo a Boecio en su sufrimiento: «Has olvidado quién eres».

Y tú eres un Espíritu puro en primera persona, la Conciencia pura sin objeto, el Sujeto puro, el Yo consciente de los pequeños objetos y sujetos o, como afirma el Madhyamika-Yogachara, la Conciencia pura e incalificable en tanto que Vacuidad radical pura o Libertad y Liberación última, abierta, transparente, desnuda, resplandeciente, luminosa, infinita, atemporal, eterna, sin frontera, separación, limitación, carencia, deseo ni miedo. ¿Dónde está ese Yo Verdadero? Es el que ahora mismo está leyendo las palabras de esta página, el que me mira y escucha mi voz, el que es consciente de esta habitación y contempla el mundo como una maravillosa manifestación de su propia textura autoliberada. Es el mismo Yo Soy que ahora mismo puedes sentir, el mismo Yo Soy que sentiste la semana pasada, el mes pasado o el año pasado. El mismo Yo Soy de hace diez años, cien años, un millón de años, mil millones de años y hasta el mismo *big bang* que existe en el Ahora atemporal, el 100% del cual está completamente presente en cada instante del tiempo, sin comienzo y sin final. Ese Yo es la única experiencia que tienes que nunca cambia.

El Espíritu en primera persona (Gran «Yo») es tan importante como el Espíritu en segunda persona (Gran «Tú») y como el espíritu en tercera persona (gran «Ello») y se han librado guerras para dirimir cuál de ellos es el verdadero Espíritu. Por ello insistimos en que cualquier enfoque que aspire a ser integral debe reconocerlos e incluirlos a los tres (o a los cuatro).

El 1-2-3 del Espíritu es también, desde una perspectiva ligeramente diferente, el Buda (el último «yo»), el Sangha (el último «nosotros») y el Dharma (el último «ello» o la Talidad). El marco de referencia de los cuatro cuadrantes, o 1-2-3 del Espíritu, es un recordatorio también de la necesidad de dejar espacio suficiente para todas esas perspectivas fundamentales.

Hay que decir, como último punto con respecto a los cuadrantes, que cada ítem de cada cuadrante está en proceso de evolución y que la evolución tiene lugar, simultáneamente, en esas cuatro dimensiones (por ello hablamos de tetraevolución, tetraenacción y tetraaprehensión). La razón es que los cuatro cuadrantes son dimensiones y perspectivas diferentes del mismo fenómeno, la misma cosa contemplada desde cuatro perspectivas diferentes. Así, por ejemplo, la presencia de cierta cantidad de dopamina en determinada sinapsis (o, hablando en términos más generales, en un determinado estado cerebral) constituye el correlato, en el cuadrante superior-derecho (cuadrante del «ello») de algo que, en el cuadrante superior-izquierdo, aflora en forma de un determinado pensamiento, emoción o sentimiento (o, hablando en términos más generales, como un determinado estado de conciencia), lo que evidencia la complementariedad, interrelación y naturaleza mutuamente enactiva de la epistemología y de la ontología, es decir, que el modo en que uno contempla un determinado fenómeno influye en la naturaleza del fenómeno contemplado y que la naturaleza del fenómeno visto contribuye a determinar lo que se ve. No se trata de dos dimensiones separadas, sino de dos aspectos diferentes de la misma totalidad (que posee también correlatos en las dimensiones del «nosotros» y del «ellos»). El universo es un acontecimiento extraordinariamente interdependiente y los cuatro cuadrantes (y las ocho zonas, ya que cada cuadrante puede ser contemplado desde la perspectiva interior-subjetiva u exterior-objetiva) son simplemente cuatro de los ejemplos más claros de esta interrelación básica.

La teoría integral adopta una visión neowhiteheadiana de la naturaleza de la existencia instante tras instante. Con ello queremos decir que el advenimiento de cada instante (o gota de la experiencia) lo hace como un sujeto de experiencia (lo que significa que posee algún grado de protoconciencia, perspectiva o, lo que Whitehead denominaba «aprehensión», y es capaz, por tanto, de «palpar» o de «sentir») y, según añade la teoría integral, es un holón (es decir, una totalidad que, a su vez, forma parte de otras totalidades superiores), lo que resulta en cuatro impulsos diferentes. Dos de esos impulsos, la individualidad (a saber, el impulso a ser una totalidad autónoma) y la comunión (el impulso a ser una parte y estar en relación), son «horizontales», lo que significa que operan en el mismo nivel de desarrollo, complejidad y conciencia. Los otros dos impulsos, es decir, el impulso a avanzar hasta niveles de totalidad, complejidad y conciencia (Eros) más elevados y el impulso a abrazar e incluir niveles anteriores de totalidad, complejidad y conciencia (Ágape), son «verticales». Una molécula comparte, en este sentido, individualidad (es decir, el impulso a convertirse en una totalidad) y comunión (es decir, el impulso a relacionarse y unirse a otras moléculas). Y también posee Eros, es decir, el impulso a alcanzar niveles de totalidad más elevados (quizás el de una célula) y Ágape (el impulso a incluir y abrazar, en su ser, niveles anteriores como los átomos y los quarks). También hay versiones patológicas de cada uno de estos cuatro impulsos, porque el exceso de individualidad no conduce a la autonomía, sino a la alienación, la separación y el aislamiento, y el exceso de comunión no genera relación, sino, por el contrario, fusión y pérdida en el otro. Y, del mismo modo, el exceso de Eros no conduce a la trascendencia de lo anterior, sino al miedo y la represión de lo anterior (Fobos) y el exceso de Ágape no conduce al abrazo de lo inferior, sino a su represión y, en ultima instancia, la materia inerte (Tánatos o impulso de muerte). Freud dijo que Eros y Tánatos eran dos grandes impulsos, uno de ellos sano y el otro insano, pero debería haber enumerado a Eros y Ágape entre los sanos y a Fobos y Tánatos entre los insanos.

Decíamos que, cuando adviene un momento (con sus cuatro cuadrantes), lo hace como un sujeto que aprehende, siente o incluye al sujeto del momento anterior que, en consecuencia, se convierte entonces en un objeto. La inclusión del momento o sujeto anterior en el sujeto del nuevo momento constituye la influencia determinante o causal que el pasado tiene sobre el presente. Cuando el momento presente incluye al anterior (convertido ahora en un objeto), ese momento anterior, al estar directamente incluido en el presente, influye en él (es decir, en los cuatro cuadrantes). (Los cuatro cuadrantes se relacionan y determinan mutuamente y, si uno de ellos no cuadra con sus sucesores, el holón acaba extinguiéndose.)

Pero, aunque el momento anterior influya y determine, en cierto modo, el presente, este también posee, según Whitehead, cierto alto grado de novedad o creatividad. Después de abrazar e incluir al momento anterior (y de convertir a ese sujeto en un objeto), el nuevo momento o sujeto añade a la mezcla su pizca de creatividad. Si el grado de novedad del holón es muy limitado, el ítem más determinante del presente será la aprehensión e inclusión del pasado, lo que parecerá (*aparecerá*) como mero fruto de la causalidad y la determinación. Las ciencias que se ocupan del estudio de los holones más sencillos (como los átomos y las moléculas) tienden a asumir un sesgo determinista y consideran al universo como una máquina gigantesca. Pero la creatividad, por más pequeña que sea, no deja de ser, como bien subraya Whitehead, creatividad. Y es que, aun los átomos, que poseen una dosis muy modesta de novedad, pueden formar parte de las moléculas, un movimiento ciertamente muy creativo (y claro ejemplo de Eros en acción). Las ciencias dedicadas al estudio de holones más elevados (como los animales, por ejemplo) rara vez piensan en su tema de estudio como algo estrictamente determinista. Después de todo, un físico puede predecir dónde estará Júpiter dentro de un siglo, pero ningún biólogo se atrevería a aventurar dónde estará mi perro dentro de un minuto.

Whitehead concibió que su despliegue aprehensivo tenía lugar en una corriente entre sujeto y objeto. Para la teoría integral, sin embargo, se trata de algo que afecta a los cuatro cuadrantes (psicoespiritual o «yo», biofísico o «ello», cultural o «nosotros» y social o «ellos»). La mutación azarosa (en los organismos del cuadrante superior-derecho del «ello») y la selección natural (en los sistemas ecosociales del cuadrante inferior izquierdo de los «ellos») son meros subconjuntos de una corriente evolutiva mucho mayor. La creatividad o Eros (es decir, el impulso que nos conduce a totalidades superiores) es un impulso inherente a los cuatro cuadrantes (a todos los holones, de hecho, dondequiera aparezcan).

Y eso, entre otras muchas cosas, significa que nuestros pensamientos actuales están entrando en la corriente de la evolución humana y están sujetos, instante tras instante, al influjo de la unificación tetraaprehensiva. Las acciones que llevamos a cabo en los cuatro cuadrantes influyen directamente en la evolución de todos ellos. Si un pensamiento se origina en la vanguardia más avanzada de la evolución (que, en este momento, gira en torno al nivel turquesa, la visión lógica o la visión integral), contribuirá a determinar la estructura misma de ese nivel y se transmitirá a las siguientes generaciones como un nivel de conciencia relativamente estable. Y esto nos impone, a todos nosotros, un nuevo imperativo categórico o moral: «Actúa como si tu conducta formase parte de una estructura fija que gobernase la conducta futura del ser humano». La forma de la evolución futura se halla literalmente por encima de nosotros: cuanto más se repite un determinado pensamiento o acción, más intenso es su campo morfogenético y mayor la probabilidad, en consecuencia, de que deje grabado un surco cósmico bastante estable, una muesca ontológicamente real estampada, para las generaciones futuras, en la estructura misma del universo.

Hubo un tiempo en la historia de la humanidad en el que los únicos escalones y visiones básicos con que el ser humano contaba eran arcaico, mágico y mágico-mítico. Entonces un alma avanzada empezó a pensar en términos míticos. Y, como la estructura de la visión mítica suele ser colectiva y los hombres tienden hacia la individualidad y Eros, mientras que las mujeres tienden hacia la comunión y Ágape, probablemente se trató de una mujer. Sea como fuere, sin embargo, empezó a transmitir, desde el cuadrante superior-izquierdo o «yo», esa forma de pensar a las mujeres de su entorno que se mostraron receptivas y creando, a través del cuadrante superior-derecho del «ello», una comunidad o «nosotros» capaz de una visión mítica. Esas mujeres comunicaron esa visión a las compañeras que podían entenderlas y, si las condiciones de los cuatro cuadrantes se mostraban propicias, esa visión se vio tetraseleccionada por la evolución, transmitiéndose a los cuatro cuadrantes y estableciéndose, finalmente, en el cuadrante inferior-derecho o sistémico de los «ellos», fundamento de las instituciones sociales. Y, cuanto más crecía esta comunidad mítica, superando las conmociones sociales y culturales que reemplazaban la visión dominante anterior, mayor era la probabilidad de que otras comunidades, por resonancia mórfica, alcanzasen ese surco cósmico. Al comienzo la variabilidad de sus estructuras básicas era mucha –porque lo único que se requería era que trascendiera e incluyese a sus predecesoras–, pero, cuanto más frecuentemente se seleccionaba y repetía una determinada versión, mayor era su campo morfogenético. Hoy en día, las estructuras profundas del estadio mítico son, independientemente del lugar y la cultura considerada, las mismas, reproduciendo los rasgos esenciales de esa pionera, de nombre desconocido que hace miles de años tuvo la originalidad, creatividad y osadía de pensar de manera diferente.

Hoy en día, estamos asentando también los cimientos profundos de la visión integral. ¿De qué manera estás contribuyendo? Porque, independientemente de que participes en su creación o de que simplemente estés estudiándolo, cualquier forma de conducta tiene su efecto. Bienvenido al lugar que te corresponde en la historia.

## Tipologías

El quinto ítem a tener en cuenta, en pocas palabras, son las *tipologías* –desde las más sencillas (como masculino/femenino) hasta las más complejas (como la de Myers-Briggs o el eneagrama)–, cualidades o rasgos que perduran a lo largo del proceso de desarrollo de las estructuras y los estados. Si el lector, por ejemplo, es un tipo 5 del eneagrama, seguirá siéndolo en los niveles arcaico, mágico, mítico, racional, pluralista e integral. La importancia de las tipologías ha ido aumentando en la misma medida en que hemos ido advirtiendo la gran diferencia existente entre los mundos, rasgos, impulsos, necesidades, defensas y miedos de un tipo 4 y de un tipo 7 del eneagrama. Resulta evidente que los distintos sistemas espirituales, tecnologías de crecimiento, técnicas terapéuticas, etcétera, reflejan esencialmente el tipo de personalidad del fundador o fundadores y funcionan bien para esos tipos, pero no tanto para otros. Por ello es tan importante que, si uno tiene un mensaje (o enseñanza espiritual) que transmitir, lo haga en términos accesibles a cada uno de los tipos (como anteriormente decíamos con respecto a las visiones). Solo así podremos asegurarnos de que el mensaje o enseñanza llega al mayor número posible de personas.

Ahora bien, las tipologías pueden ser muy complejas y empeñarse en tenerlas en cuenta a todas puede resultar abrumador, cuando no imposible. Lo mejor que podemos hacer es elegir una o dos tipologías bien documentadas y más frecuentemente utilizadas que hayan demostrado su utilidad. Yo tengo, en este sentido, dos favoritas, la simple tipología masculino/femenino y otra más sofisticada, el eneagrama.

Hay versiones muy distintas de las diferencias entre masculino y femenino que son tan viejas como la humanidad. Muchas de ellas –por no decir la inmensa mayoría– están moldeadas culturalmente y son propias de cada cultura, aunque también hay rasgos interculturales generales, como los que afirman que los hombres suelen tener una mayor fortaleza física y que las mujeres dan a luz y amamantan. Por más simples que sean, investigadores como la feminista Janet Chafetz han demostrado, utilizando la teoría sistémica, que basta con esos dos simples rasgos para que culturas diferentes nos asignen roles sexuales distintos (que, en el caso de los varones, tienden hacia las esferas públicas y productivas, mientras que, en el de las mujeres, lo hacen hacia la esfera privada y reproductiva), sin que ello se deba a ninguna opresión patriarcal, sino a factores estrictamente biológicos. Tiempo atrás, las liberales feministas, temiendo asimilar biología a destino, desdeñaron la importancia –y hasta la misma existencia– de las diferencias biológicas y llegaron a afirmar no solo que todos los hombres, sino que todos los seres humanos nacían igual. Por más noble, sin embargo, que sea el ideal de igualdad legal, política y educativa, la igualdad funcional total choca con la evidencia de muchas personas y carece de sentido. La investigación moderna de las diferencias hormonales, por ejemplo, ha demostrado que la testosterona está íntimamente ligada al sexo y la agresividad, mientras que la oxitocina, prevalente en las mujeres, está asociada a la relación y que la evolución la ha utilizado para garantizar un fuerte vínculo madre-hijo y dar a las mujeres, hablando en términos generales, una mayor sensibilidad emocional. Yo suelo bromear al respecto diciendo que las mujeres reconocen unas dieciocho emociones diferentes, mientras que los hombres solo advierten dos, hacia delante y hacia atrás.

El enfoque integral no se asusta de las diferencias biológicas. Estas, a fin de cuentas, solo afectan a un cuadrante, el cuadrante exterior-individual (el cuadrante superior-derecho o cuadrante del «ello»), que puede verse modificado, moldeado y hasta invertido por los demás (los sistemas sociales, las visiones del mundo y la orientación psicoespiritual). Pero, como bien reconocen los investigadores modernos y postmodernos, empezando por Carol Gilligan, la más famosa de todos ellos, tener en cuenta el cuadrante biológico nos permite reconocer las diferencias existentes entre hombre y mujer y sus diferentes necesidades, fortalezas, debilidades y preferencias. Como ya hemos visto, el trabajo de Gilligan sugería que los hombres tienden a pensar en términos de autonomía, derechos, individualidad, justicia y ordenamiento, mientras que las mujeres lo hacen en términos de relación, cuidado, responsabilidad, comunión y no ordenamiento.

Y esto es algo que se pone de relieve de formas muy distintas. Los hombres, por ejemplo, se sienten cómodos sentándose inmóviles observando inquebrantablemente durante horas de manera desapegada su experiencia interna en la misma postura que han utilizado, esperando la llegada de una presa, en el largo camino evolutivo que se remonta hasta su pasado como cazadores. Las mujeres, por su parte, se encuentran más cómodas con la meditación en acción, moviéndose y bailando, expresando sus emociones a través de *bhakti*, la devoción amorosa. Obviamente, los dos sexos pueden hacer ambas cosas, solo es cuestión de ser conscientes de esta tendencia y de tenerla en cuenta. Y estas diferencias se ponen también de relieve en las relaciones, con los hombres luchando contra su libertinaje sexual y las mujeres lamentando «la falta de compromiso de los hombres».

Pero, por más importantes que sean, para el éxito de una pareja, las diferencias sexuales, más importante todavía es el nivel de desarrollo de sus integrantes. En este sentido, las parejas que se encuentran en niveles diferentes (como, por ejemplo, mítico y racional) rara vez superan el año. Quienes se hallan en el mismo nivel suelen funcionar mejor, aunque la diferencia en otras dimensiones puede llevarles a desarrollarse a una velocidad distinta hasta acabar separándose uno o dos niveles y despertar una buena mañana «sin reconocer a la persona con la que están compartiendo la vida».

En un libro maravilloso titulado *Integral Relationships*, Martin Ucik, analiza las relaciones desde la perspectiva integral OCON, es decir, analiza las relaciones en términos de los cuadrantes (grandes perspectivas del «yo», el «nosotros» y el «ello»), los niveles de desarrollo (o escalones de las estructuras y sus visiones), las líneas del desarrollo (o inteligencias múltiples), los estados de conciencia y los tipos y descubre que, por más que difieran en esas dimensiones, las relaciones pueden funcionar bien…, exceptuando el caso de los niveles del desarrollo (o escalones de la estructura). El autor solo tiene dos palabras de advertencia para quienes se hallan en diferentes niveles-escalones: «Lo siento». Eso es, al menos, lo que parece sugerir la evidencia.

Pero este es un punto que también tiene importantes repercusiones para los maestros espirituales y sus discípulos. Es habitual que los maestros espirituales, especialmente los maestros de meditación, hayan evolucionado hasta *estados* de conciencia significativamente más elevados que sus discípulos, al menos al comienzo de la práctica. Y también lo es que tiendan a atraer a discípulos que se hallan en su mismo nivel de desarrollo *estructural*. Y hay, para ello, buenas razones. Un maestro racional y un discípulo pluralista, por ejemplo, tendrán diferencias muy profundas que el maestro interpretará como parte del ego del discípulo que debe ser negado, mientras que este, por su parte, encontrará profundamente sabios y útiles los consejos de su maestro sobre los estados, pero absurdas sus recomendaciones sobre las estructuras. Y mucho me temo que, en lo que respecta a la continuidad de tal relación, sea válido el mismo comentario dado anteriormente: «Lo siento». Esta es otra razón por la cual consideramos que cualquier espiritualidad que aspire a ser realmente integral y comprehensiva debería tener en cuenta tanto las estructuras como los estados. De este modo, maestros y discípulos sabrán, mientras sigan trabajando juntos, qué consejo es bueno (por estar basado en estructuras similares) para alentar el desarrollo de estados del discípulo y qué consejo está fuera de lugar (por estar basado en estructuras diferentes).

El eneagrama es una tipología sofisticada compuesta por nueve tipos básicos cuyos nombres, dicho sea de paso, los describen bastante bien. Son, del 1 al 9 respectivamente, el perfeccionista, el servicial, el eficiente, el romántico, el observador, el leal, el epicúreo, el líder y el conciliador. Estos nombres ponen claramente de relieve lo diferentes que son y las correspondientes diferencias de fortalezas, debilidades, emociones, defensas sanas e insanas, conexiones espirituales y manifestaciones positivas y negativas, entre otras muchas cosas. Hay prácticas espirituales que, pese a funcionar muy bien con algunos tipos resultan dañinos para otros. Helen Palmer tiene libros excepcionalmente buenos sobre el trabajo con el eneagrama y otros francamente espantosos. El asunto consiste en utilizar el eneagrama u otras tipología similares para entender el lugar en que se halla el discípulo en su proceso de desarrollo global y adaptar la enseñanza y la práctica a ese tipo concreto de personalidad para no desaprovechar el trabajo tratando de cambiar cosas que, en algunos casos, son tan imposibles de cambiar como la estatura o el origen étnico.

## El milagro del «nosotros»

El sexto ítem importante, que cada vez recibe más atención, es aquello a lo que habitualmente nos referimos como prácticas del «nosotros» es decir, prácticas grupales que implican el compromiso, el desarrollo y la transformación del grupo como entidad. No estamos aquí hablando de un grupo de individuos que se reúnen para llevar juntos a cabo una práctica individual, sino de un grupo que practica como tal. Existe un conocido dicho budista que afirma que «el próximo Buda será el Sangha (es decir, la entidad compuesta por el grupo de practicantes budistas)». En cierto sentido, esta frase no es más que una bobada verde (porque como la «individualidad», para verde, es casi un pecado, solo respalda y se compromete en actividades colectivas). En algunos casos muy especiales, sin embargo, se trata de algo mucho más elevado, el reconocimiento sentido de la emergencia, en la conciencia de segundo grado, de una modalidad de «yo» completamente nueva (un yo inclusivo, omniabarcador e integral que tiene en cuenta todos los estadios anteriores del desarrollo, una auténtica novedad que carece de precedente histórico) y de la emergencia también, en consecuencia, de un nuevo tipo de «nosotros» compuesto por individuos que se hallan en el estadio integral y superiores. ¿Cómo sería ese «nosotros»?, ¿cómo podríamos comprometernos con él? y ¿qué aspecto tendría?

Este es un tema que ha despertado mucho interés en todo el mundo, especialmente en los círculos integrales y en varios individuos que están investigando y experimentando activamente con varias prácticas del «nosotros». Quizás uno de los primeros (al menos en esta época histórica) y más influyentes fue David Bohm, que, en su libro *Sobre el diálogo*, sostenía que el lamentable estado del mundo se debe a un pensamiento excesivamente egocéntrico, fragmentado y fracturado, y que es necesario desarrollar una nueva modalidad de pensamiento, un pensamiento impulsado por el diálogo que nos permita suspender las creencias y los juicios, participar de manera honesta y transparente y permanecer conectados y abrir así la puerta a un tipo de pensamiento más auténtico, real y creativo capaz de enfrentarse a la crisis mundial. Francisco Varela (creador del concepto de «autopoyesis») y Otto Scharmer (creador del llamado «proceso U», que sigue esa línea de pensamiento) recomendaban un proceso grupal basado en (1) la *suspensión* de las asociaciones y del conocimiento pasado, (2) la *reorientación* de la conciencia hacia la fuente atemporal presente y la co-creación de un campo grupal alejado del objeto y (3) *soltar* y «dejar emerger», en lugar de «buscar». Otto Scharmer expandió esto a su «proceso U», que en realidad tiene que ver con los tres grandes estados de conciencia: lograr una conciencia global detallada del problema en el estado ordinario; pasar luego a la conciencia sutil y contemplar el problema desde ahí y apelar luego a la fuente, voluntad y creatividad causal para abrirse a nuevas soluciones; pasar de nuevo a la dimensión sutil y materializar finalmente la solución en el reino ordinario. (Así pues, de ordinario a sutil y a causal y, desde ahí, volver nuevamente a sutil y a ordinario. Cuando le pregunté a Scharmer si estaba de acuerdo con esta interpretación de estado de su proceso U, su respuesta fue «Completamente».) Andrew Cohen recomienda un tipo de «yoga intersubjetivo» (cuadrante inferior-izquierdo) que permite al individuo abandonar la identidad con el yo e identificarse, en su lugar, con la Conciencia misma (y «el Fundamento del Ser») y, más especialmente, con el impulso evolutivo y su urgencia, y dejar luego que esa inteligencia evolutiva se exprese a través de los distintos miembros del grupo. Ese es un proceso que, adecuadamente realizado, va acompañado, según dicen, de una especie de «iluminación grupal».

Olen Gunnlaugson ha llevado a cabo un considerable trabajo «diseñando formas de educación contemplativa de segunda persona» examinando la intersubjetividad desde diferentes perspectivas y ha escrito, junto a Mary Beth G. Moze, un artículo muy interesante titulado «Surrendering into Witnessing: A Foundational Practice for Building Collective Intelligence Capacity in Groups» (*Practice*, vol. 7, n° 3). Los Martineau también han llevado a cabo un trabajo muy importante sobre las prácticas del «nosotros» que implica el establecimiento de un contacto transparente con los demás que, yendo más allá del «mí», nos abre a formas del «nosotros». Asimismo, hay que señalar el importante trabajo realizado por Thomas Hubl tomando los contenidos de la sombra ordinaria e interpretando, «detrás» o «más allá» de ellos, sus factores sutiles y causales, con la intención de crear un «nosotros despojado de ellos».

Decker Cunov y sus colegas del Boulder Integral Center han desarrollado prácticas como «circular», en donde se enseña a los miembros del grupo a concentrarse en los demás y expresar, de manera abierta, sincera y directa, todos los sentimientos y reacciones que experimentan instante tras instante, una práctica que puede llevar al grupo como totalidad a momentos de extraordinaria intimidad. Dustin DiPerna, a quien hemos mencionado anteriormente, también está trabajando con prácticas del «nosotros» que parecen implicar la evolución del «nosotros» a través de diferentes niveles (convencional, personal, impersonal, interpersonal, transformacional, despierto, evolutivo y kósmico). (Y aunque, en general, esté de acuerdo con este trabajo, no quiero dejar de señalar que me parece una cuestión compleja y delicada, porque el «nosotros» no posee una mónada dominante, sino tan solo una modalidad dominante de resonancia y discurso. Y con ello quiero decir que, cuando un holón individual como mi perro, por ejemplo, se levanta y atraviesa la habitación, el 100% de sus células, moléculas y átomos se levantan y atraviesan la habitación, porque se trata de una mónada dominante. Pero no hay grupo ni colectivo que posea ese grado de control sobre sus miembros, sino que más bien «resuena» con los demás dependiendo de su propia dirección cósmica o psicógrafo. Así pues, los niveles descubiertos por Dustin pueden conectarse perfectamente con un conjunto de individuos que compartan determinados psicógrafos como, por ejemplo, todos los miembros que están en verde, esmeralda o superior, todos los que tienen acceso a estados superiores, todos los que han llevado a cabo un trabajo con la sombra, etcétera. No está claro que un grupo rojo quiera –o pueda– avanzar a través de estos mismos niveles y en el mismo orden. Esa me parece una importante investigación a la que aliento encarecidamente a los interesados.)

Terry Patten ha llevado a cabo una importante investigación teórica y una experimentación con las prácticas del «nosotros», incluyendo muchas de las anteriormente mencionadas, que le han llevado a esbozar su propia práctica, a la que llama «praxis transretórica integral» y que no aspira a «persuadir» o «enseñar», sino a «elevar» y «profundizar». Su primer paso empieza describiendo, en términos de tercera persona, la teoría integral general implicada; luego pasa a una modalidad confesional de primera persona para hablar del modo exacto en que, en ese momento, está sintiéndose con la intención de transmitir ideas que los demás pueden encontrar estúpidas, amenazadoras, innecesarias, etcétera. Se trata de una modalidad confesional directa y sincera que troca el escenario filosófico abstracto por otro mucho más personal e íntimo. Luego invita al grupo a «contar la verdad desnuda» con la recomendación de adoptar un tipo de diálogo parecido. Si esto realmente funciona –cosa que, a veces, ocurre y otras no–, todo el proceso entra en una especie de hiperespacio de inteligencia colectiva en el que el «nosotros» parece estar aprendiendo a moverse y funcionar. A partir de ese momento, cada perspectiva (de primera, de segunda y de tercera persona), cada tipo de discurso (enmarcar, defender, ejemplificar o indagar) y cada modalidad de exploración (transretórica, transracional y transpersonal) se ponen en marcha bajo la tutela de esta inteligencia grupal. Y, cuando funciona, va acompañada, como sucede con la mayoría de las prácticas, de sentimientos de alegría, inspiración y creatividad, como si el grupo se hubiera adentrado en una dimensión sagrada.

Es tanto el entusiasmo generado por estas prácticas que Tom Murray, en una comprensible y útil respuesta titulada «Meta-

Sangha, Infra-Sangha: Or Who Is This "We", Kimo Sabe?» (publicado en *Beams and Struts*), ha señalado que la mayor parte del debate sobre este tema se mueve en un terreno poco definido, nebuloso y resbaladizo. Estas prácticas pueden implicar, según Murray: (1) sentimientos, (2) significados compartidos, (3) experiencias de estado, (4) una entidad colectiva emergente o (5) una acción colectiva. Y obviamente está, en mi opinión, en lo cierto, porque es así, precisamente, como debe ser.

El problema que implica emprender las prácticas del «nosotros» es el problema de la evolución misma. La evolución apenas si ha asomado su cabeza en la conciencia de los individuos que han alcanzado el segundo grado; obviamente, cualquier número de «yoes» individuales de segundo grado generará un número correspondiente de «nosotros» en la misma actitud (esmeralda o turquesa en este caso y, en contadas ocasiones, en un nivel superior). En tanto que comunidad, sin embargo, ni siquiera sabemos cómo transformar a los individuos a la conciencia de segundo grado. De hecho, no podemos decir que la psicología tenga un gran conocimiento sobre el proceso de transformación. No sabemos exactamente cuáles son los factores que alientan la transformación. Después de observar con más detenimiento que nadie en la historia el desarrollo del bebé y del niño, Margaret Mahler acabó renunciando a tratar de identificar los factores que contribuyen a generar individuos altamente desarrollados concluyendo: «La parte más importante del desarrollo descansa en el niño». Los padres que parecen hacerlo todo mal pueden producir niños sanos y felices y los padres que parecen hacerlo todo bien pueden criar niños miserables. Sin embargo, no parece que los padres y educadores liberales quieran escuchar que la educación es algo que compete básicamente a los niños.

Pero no hay razón alguna para abandonar este intento. Las personas suelen verse atraídas por el enfoque «integral» porque leen un relato del desarrollo y de su estadios integrales superiores y tienen una profunda experiencia «¡Ajá!» que dice: «¡Este soy yo!». Y esa no es, en la mayoría de los casos, una sobrestimación arrogante, sino una comprensión profundamente liberadora de que no están locos, de que su forma de ver el mundo (holística, sistémica, integrada y total) no está fuera de lugar, como parecen pensar quienes les rodean, sino que se trata, de hecho, de un estadio verdadero del desarrollo humano real que tiene más profundidad, más anchura y más altura que la mayoría y que, finalmente, han descubierto algo que, para ellos, tiene sentido.

Pero ningún psicólogo entiende completa y cabalmente *el modo* exacto en que se llega a un estadio integral. Todo el mundo tiene alguna teoría; para el psicoanálisis, se trata de la aplicación coherente de una «frustración selectiva», dando al nivel presente el *feedback* necesario para mantenerlo sano, pero no suficiente para sacarlo de la fijación e inmersión en él. Para Robert Kegan, se trata de una adecuada combinación de «desafío y apoyo», es decir, de cuestionar el nivel presente y apoyar la respuestas de nivel superior. Pero nadie sabe muy bien cómo aplicar esto a cada acción.

En el Instituto Integral empleamos una variedad de prácticas a las que colectivamente denominamos «práctica integral de vida». Esto es algo que opera bajo el principio de lo que podríamos llamar un «entrenamiento interdimensional». Las investigaciones realizadas al respecto demuestran que, si divides un grupo de meditadores en dos subgrupos, uno que solo practica meditación y otro que combina la meditación con el levantamiento de pesas, por ejemplo (siendo el número global de horas de práctica igual en ambos casos), estos últimos avanzan más deprisa, según la estimación realizada por los maestros de meditación, que quienes solo meditan. Es como si el entrenamiento cruzado favoreciese el desarrollo en ambas dimensiones. Por ello utilizamos el marco de referencia OCON y las prácticas de los cuerpos (ordinario, sutil y causal), la mente, el Espíritu y la sombra y en el yo («yo»), la cultura («nosotros») y la naturaleza («ello»). Los lectores interesados en este punto pueden echar un vistazo al libro *La práctica integral de vida* (Kairós, 2010).

Lo cierto es que el tipo de experiencia «¡Ajá!» que tiene el individuo cuando, por vez primera, descubre lo integral, tiene su correspondencia, en las prácticas del «nosotros» (porque, como los cuatro cuadrantes tetraactúan, el cuadrante superior-izquierdo tiene su correlato en el inferior-izquierdo). También hay que decir que el descubrimiento y elaboración de este «nosotros integral» es un requisito para llevar a la práctica, en el cuadrante inferior-derecho, las instrucciones integrales. Y, dada la serie de crisis a las que nuestro mundo está enfrentándose, es mucha la urgencia por descubrir ese «nosotros» integral.

Pero, como dice Mike Murphy, la evolución «no avanza en línea recta, sino sinuosa», y lo mismo podríamos decir de los estadios integrales generales de la evolución y dentro de cada cuadrante («yo», «nosotros», «ello» y «ellos»). Y recordemos que, hasta el momento, solo el 5% aproximado de la población ha alcanzado los niveles integrales y que esa población todavía no ha aprendido a identificarse (es decir, que la mayoría de quienes se hallan en los estadios integrales ignoran que lo están). De modo que el hecho de que las prácticas del «nosotros» puedan abarcar todas las áreas reseñadas por Tom Murray no es únicamente comprensible, sino también deseable. Estamos aprendiendo a dirigirnos, desde la perspectiva integral, a todas esas áreas (desde los sentimientos hasta los significados compartidos, las experiencias de estado y la acción colectiva) y todavía no contamos con un manual que pueda enseñarnos. Lo único que podemos afirmar es que Eros continuará su implacable camino hasta lograr la transformación en los cuatro cuadrantes y que, pase lo que pase, el ser humano responderá a ese impulso. La evolución, como sucede con tantos procesos de aprendizaje, opera a través de un proceso de ensayo y error, razón por la cual veremos, durante su avance por el estadio integral del proceso, muchos ensayos y muchos errores y un lento e inexorable avance hacia una mayor Verdad, una mayor Bondad y una mayor Belleza.

Veamos ahora una última cosa sobre el «nosotros» en general y sobre las prácticas del «nosotros» en particular. El psicógrafo de los individuos que componen un determinado grupo es un factor determinante de la profundidad o altura que ese grupo puede lograr. Con el 5% de la población en el nivel integral, el grupo que solo tenga el 5% de sus miembros en integral jamás podrá conformar un «nosotros» integral, ya que la resonancia mutua tendrá lugar a niveles muy inferiores. A veces se dice que lo integral es una forma de elitismo, algo que matizamos diciendo que se trata de «un elitismo al que todo el mundo está invitado». Resulta sencillamente inevitable que los individuos interesados por lo «integral» sean los que se encuentren en los niveles integrales del desarrollo, cosa que, en este momento, solo han alcanzado unos pocos (en torno, como ya hemos dicho, al 5%). Y lo mismo podríamos decir con respecto a la práctica de un «nosotros integral», requisitos que simplemente deben ser reconocidos. Aunque uno de los puntos de un abordaje integral a cualquier problema consista en expresar el tema en el mayor número de niveles posible (mágico, mítico, racional, pluralista, integral y superiores, lo que incluye la «cinta transportadora» de la espiritualidad), ello no significa que debamos desdeñar arrogantemente lo integral. El nivel integral es un requisito de la práctica del «nosotros integral» (aunque todo el mundo puede ser invitado a estas prácticas, pero hay que entender la imposibilidad de alcanzar un «nosotros» integral en un grupo en el que la mayoría de los individuos no se hallen en el nivel integral).

Veamos ahora los requisitos que, según Terry Patten, hay que satisfacer para estar en condiciones de emprender la práctica de un «nosotros integral»:

El desarrollo de estadios de las líneas relacionadas hasta «salida de naranja» [es decir, a punto de pasar de naranja a verde], «salida de verde», «esmeralda» o, expresiones más elevadas de la praxis, los niveles «turquesa» o «índigo» [y esto es importante, porque las «expresiones más elevadas» del «nosotros» implican una conciencia de segundo grado o el comienzo incluso de la conciencia de tercer grado]; en el desarrollo de estadios de estado, la relajación de la fijación estricta de la atención en los niveles mentales y emocionales correspondientes al «estado de vigilia» del reino ordinario y un Testigo [causal] básicamente interno; y la capacidad de concentrarse, dirigir la atención y descansar de manera estable en los demás y en el campo intersubjetivo; cierta comprensión de la dinámica de la sombra y la indagación sincera y no defensiva en la dinámica continua de la sombra; ser capaz de soportar el malestar y demorar la gratificación; la integridad y el coraje necesarios en trascender las «apariencias» y convertir «el sujeto en objeto»; la profundidad existencial necesaria para permanecer responsablemente arraigado para enfrentarse a la crisis del mundo y tomársela en serio y la inteligencia emocional, salud y compasión por uno mismo y los demás necesarias para tolerar una elevada disonancia cognitiva y emocional y permanecer amable y bondadosamente presentes con los demás de un modo no problemático. («Enacting an Integral Revolution», *Integral Theory Conference*, 2013.)

Todos estos ítems (o la mayoría de ellos) son necesarios para satisfacer el requisito fundamental del grupo, que consiste en el establecimiento de la confianza. Y ello exige individuos que se encuentren en los niveles de desarrollo propios de la conciencia de segundo grado, porque quienes todavía se hallan en la conciencia de primer grado no suelen respetar a nadie que se encuentre en un nivel diferente al suyo. Por ello lo único que obtendremos si mezclamos individuos procedentes de los niveles de primer grado será un grupo de gente capaz de poner los ojos en blanco. El «Testigo» también es esencial, porque la mayoría de las prácticas del «nosotros» requieren que quienes las lleven a cabo abandonen la conciencia sujeto/objeto y se «entreguen al Testigo» o a los estados no duales y permanezcan focalizados y concentrados en el Ahora atemporal y en presencia de la frescura, vitalidad y novedad del presente. Estos requisitos son necesarios para una provechosa exploración, experimentación y aprendizaje grupal del «nosotros».

Lo especialmente importante, en este sentido, para cualquier espiritualidad integral o cuarto giro es la comprensión de que, del mismo modo que aflora un espacio del «yo» completamente nuevo y sin precedentes (que va acompañado de una mayor capacidad para el respeto y la inclusión y de un proceso de iluminación más profundo que refleje este «yo» más elevado), también aflora un espacio nuevo y superior del «nosotros» (o Sangha) que presenta muchos rasgos que carecen también de precedente (incluyendo el acceso a formas fundamentales de inteligencia intersubjetiva que el ser humano no había visto ni experimentado nunca antes). Así pues, no solo hay un «yo» (o un Buda) nuevo y superior en los escalones estructurales más elevados de la existencia, sino también un «ello» (o Dharma) nuevo y superior, es decir, una Verdad que no solo incluye las verdades desplegadas por los estados, sino también las verdades propias de las estructuras y un «nosotros» (o Sangha) nuevo y superior, con una naturaleza e inteligencia grupal mucho más inclusiva.

Lo más importante, sin embargo, de una espiritualidad integral no es que se concentre en el «nosotros» colectivo, sino que integre los cuatro cuadrantes en todos y cada uno de los momentos –es decir, el «yo», el «nosotros» y el «ello» en el yo, la cultura y la naturaleza– fundidos en la novedosa vitalidad y resplandeciente presencia del instante. El nuevo Buda no será, pues, el Sangha, sino la unificación del Buda, el Sangha y el Dharma en el Despertar y la Conciencia no dual continua.

### El impacto real del pensamiento interior

Séptimo ítem importante: *los pensamientos son cosas reales*. Es frecuente escuchar, dentro del círculo del Instituto Integral, que este enfoque no está teniendo mucho efecto en el mundo, una afirmación con la que estoy completamente en desacuerdo. Los avances realizados, en los últimos cinco años, por el enfoque integral, me parecen en verdad sorprendentes. Enumeremos simplemente, a modo de ilustración, los siguientes: un artículo mensual en la revista *Architectural Review* sobre una revisión integral de la arquitectura desde una perspectiva OCON; una revisión en portada de la *New York Review of Books* usando, para explicarla, el marco de referencia OCON; un informe oficial de varios cientos de páginas del gobierno de Reino Unido sobre la capacidad británica para hacer frente al cambio climático utilizando, como fundamento, el marco de referencia OCON integral; la adopción oficial, por parte de la Iglesia unitaria, del marco de referencia integral OCON para organizar su enseñanza de un cristianismo integral; la creación de la Ubiquity University, una universidad de ámbito global basada en los principios integrales; artículos y ensayos sobre medicina integral, enfermería integral, economía integral, psicología integral, espiritualidad integral, criminología integral, y así hasta cincuenta disciplinas diferentes que se han visto completamente reformuladas en el *Journal of Integral Theory and Practice* en términos del OCON integral…, y estos no son más que unos pocos ejemplos.

Pero todo eso olvida lo fundamental. El refrán según el cual «estamos corriendo una carrera de kilómetros y solo vemos el avance en términos de centímetros o metros» elude el significado del avance (o, mejor dicho, lo reduce a una noción muy limitada). Todas esas quejas sobre la «falta de avance» reducen el mundo a la dimensión estrictamente sensoriomotora, soslayando la realidad de los espacios interiores del mundo (desde infrarrojo hasta magenta, rojo, ámbar, naranja, verde, esmeralda, turquesa, índigo, violeta y ultravioleta) y de los fenómenos reales que puede presentarse en todos y cada uno de esos espacios (tan reales, por otro lado, como el espacio sensoriomotor). Por ello, al no darse cuenta de los avances realizados en mundos ajenos al sensoriomotor, el lamento de que «no existe ningún tipo de avance» se intensifica hasta resultar ensordecedor.

El avance real en el mundo real empieza con la creación, en casi todos los casos, en un determinado espacio interior del mundo (ámbar, naranja, verde, etcétera) y en un conjunto creciente de objetos o fenómeno reales que tienen que ver con lo que se está considerando (a menudo un problema concreto que requiere una solución, una invención, una aproximación concreta a un tema o algo por el estilo). Estos objetos creados en un determinado espacio del mundo son, como ya he dicho, ontológicamente muy reales. ¿En dónde se almacenan? Consideremos, por ejemplo, el caso de los campos morfogenéticos. Cuando se sintetiza por vez primera una nueva proteína, puede hacerlo literalmente en miles de formas diferentes. Pero cuanto más cristaliza de un determinado modo, menor es la probabilidad de que discurra por otros derroteros. ¿Dónde se almacena esa «forma» y cómo saben las proteínas cuál es la forma correcta (algo que, por cierto, no está en la misma proteína)? Podríamos responder fácilmente a esta pregunta diciendo, como hace el *Lankavatara Sutra*, que se encuentra en la conciencia-almacén del reino causal. Sea como fuere, sin embargo, lo cierto es que se almacena en algún lugar real del Kosmos y que tiene un *impacto causal real* en el mundo sensoriomotor, en este caso, el proceso de cristalización posterior de esa proteína.

Lo mismo sucedió cuando la estructura roja, por ejemplo, emergió por vez primera. Eran muchas las formas que sus estructuras profundas podían haber asumido originalmente, porque la única condición que, en ese momento, se requería era que «trascendieran e incluyesen» a sus predecesoras. Pero, una vez que la estructura roja empezó a «sedimentar» de un determinado modo, siguió haciéndolo, en todo el mundo, del mismo modo. Eso ocurrió hace unos 10.000 años y, en la actualidad, en cualquier lugar del mundo en que la encontramos (y hay que decir que, en sus modalidades cognitivas, ha sido investigada en todas partes, desde las tribus de los bosques tropicales del Amazonas hasta los mexicanos, los aborígenes australianos y los trabajadores ucranianos) lo hace ateniéndose estrictamente a las mismas estructuras profundas. ¿Dónde está almacenada esta forma? Muy probablemente en el mismo lugar en el que se almacena el campo morfogenético de las proteínas (y podríamos decir que se trata del almacén del reino causal, algo muy real en un Kosmos muy real).

Esas estructuras rojas empezaron como pensamientos rojos (un fenómeno real de la dimensión interior de rojo) en el cuadrante superior-izquierdo (espacio interior del «yo») de un puñado de individuos que, a través de su conducta en el cuadrante superior-derecho, lo transmitieron a otros individuos que podían entenderlos y, en la medida en que aumentó su número, empezaron a formarse estructuras rojas del «nosotros» en el cuadrante inferior-izquierdo (el campo intersubjetivo) y aparecieron objetos, cosas o fenómenos reales del «nosotros rojo» en el cuadrante inferior-izquierdo. El hecho es que, en la medida en que, en otros rincones del mundo, empezó a aparecer la estructura roja, tendía a hacerlo siguiendo el mismo camino en que lo hizo ese grupo original (así pues, las estructuras mágicas que en ese momento emergieron en todo el mundo presentaban, como bien dijo Jean Gebser, las mismas estructuras profundas básicas). Estos objetos interiores tenían formas reales que provocaban un impacto real en otros seres de todo el mundo. Y, en la medida en que esos objetos interiores rojos se crearon y los individuos siguieron pensando en términos rojos, acabaron saliendo del interior de los individuos y dando origen, en el cuadrante inferior-derecho, a instituciones materiales, sensoriomotoras y sociales. Entonces empezaron a forjarse auténticos imperios que, llegado su momento, especialmente cuando dieron lugar a ámbar, conquistaron la mayor parte del mundo conocido de su época.

Y todo eso se originó en pensamientos interiores en forma de fenómenos u objetos ontológicamente reales que, de algún modo, se almacenaron en su forma primordial, en el Kosmos real, y acabaron provocando un efecto real en el mundo sensoriomotor (del mismo modo que la forma del despliegue de las proteínas acaba influyendo en la forma en que posteriormente se sintetizan las proteínas individuales). Por esos senderos discurre el avance de la creatividad. La democracia representativa apareció, por vez primera, en el Occidente moderno, en forma de un pensamiento en la mente de unos cuantos pensadores del Renacimiento, una época dominada por la monarquía y la conformidad ámbar mítico-pertenencia en la que la idea de «libertad individual» resultaba ciertamente novedosa. Ese puñado de individuos empezaron a crear objetos naranjas internos (objetos mundicéntricos, objetos racionales y objetos transmíticos). Pero ¿significa eso acaso que su actividad provocase de inmediato una revolución democrática? Por supuesto que no, porque los objetos internos todavía no eran lo suficientemente claros. Tuvieron que pasar aún varios siglos para establecer los objetos interiores naranjas (fenómenos reales en el espacio naranja real del mundo) que hoy conocemos con los nombres de «libertad individual», «representación democrática», «gobierno no monárquico», etcétera.

Esos objetos del pensamiento interior naranja siguieron creciendo hasta llegar a los salones y a la «sociedad del café» de París, donde empezaron a ocupar un número cada vez mayor de espacios naranjas del «nosotros» y convertirse en objetos y fenómenos reales en el espacio naranja del «nosotros». Al cabo de varios siglos, esos objetos interiores se desperdigaron, con la Revolución Francesa y la Revolución Estadounidense, por el mundo sensoriomotor y dieron origen, en los cuadrantes de la Mano Derecha, a instituciones que materializaron los objetos interiores naranjas de los cuadrantes de la Mano Izquierda construidos y almacenados a lo largo de varios siglos en el Kosmos real hasta acabar provocando efectos completamente reales.

Quienes hoy claman por un «progreso integral» son como aquellos que, durante el Renacimiento, mientras empezaba a forjarse el objeto naranja «libertad individual», iban de un lado a otro tratando de poner en marcha una revolución democrática por el simple hecho de que creían sencillamente que se trataba de una gran idea. El problema era que la idea todavía no había tenido tiempo ni personas suficientes para construir los objetos internos que reflejasen las ideas de libertad individual y de gobierno representativo. Tuvieron que pasar todavía varios siglos para que esas ideas y esos objetos internos siguieran elaborándose y encarnándose lo suficiente como para crear formas que, independientemente del lugar del Kosmos en el que se almacenasen, fueran capaces, un buen día, de cristalizar y someter al mundo sensoriomotor.

Lo mismo sucede hoy en día con la visión integral. Cada vez que tienes un pensamiento integral, cada vez que escribes una frase integral y cada vez que un sentimiento integral estremece tu cuerpo, estás construyendo objetos integrales internos que literalmente se almacenan en algún lugar del Kosmos hasta el día en que tienen la fuerza suficiente para desbordar su zona de almacenamiento y someter al mundo sensoriomotor. Y eso dependerá directamente de los pensamientos que ahora estás teniendo, de las ideas que ahora discurren por *tu* mente y de los sentimientos que aceleran los latidos de *tu* corazón. ¿Progreso? ¡Así es, progreso! Estás participando en uno de los movimientos más extraordinariamente progresivos de la historia. La misma actividad de tu conciencia está construyendo objetos integrales internos y fenómenos integrales ontológicamente reales que se almacenan en el Kosmos real y que un buen día se derramarán y pondrán de rodillas a un ser humano agradecido y loco de alegría. Empieza ahora, pues, a reescribir la historia y contribuye a dar forma al mundo más verdadero, bondadoso y bello que hayamos concebido, visto o conocido.

Por el simple hecho de concebirlo, tenerlo, leerlo, escucharlo, compartirlo, transmitirlo, soñarlo o imaginarlo, cada uno de tus pensamientos integrales está impulsando, amigo mío, un avance que un buen día conmoverá al mundo en una entrega agradecida y un avance omniinclusivo.

¿Quién sabe cuántos objetos integrales interiores son necesarios en el «yo» y en el «nosotros» para que empiecen a derramarse por el mundo sensoriomotor y a sedimentar en una forma novedosa para el mundo? ¿De verdad crees, si consideras los efectos de esta transformación en casi todos los ámbitos de la vida, que no estamos *avanzando* lo suficiente? ¿Tienes idea de lo que aquí está en juego? ¿Tienes idea de la profunda y duradera transformación que acabará provocando tu pensamiento integral interno? ¿Empezar ahora una revolución? Pero ¿estás loco? ¿Has pensado en los extraordinarios cambios que, para emprender esta revolución integral, deben tener lugar en los campos del gobierno, la educación, la medicina, la política, el derecho, el mundo empresarial, la tecnología, la energía, la alimentación, el transporte, el orden público y el sistema judicial, por nombrar solo unos pocos?

Y ahora… una certeza. Sabemos esto porque todos los modelos evolutivos con que actualmente contamos apuntan a la existencia, más allá del estadio pluralista y relativista del desarrollo, de un estadio holístico e integral. Esta revolución está urdida en el tejido mismo del proceso de desarrollo, crecimien-

to y evolución del ser humano. La investigación realizada al
respecto nos ha permitido identificar, al menos en sus formas
más rudimentarias, sus rasgos más profundos. Ya hemos tenido los suficientes pensamientos integrales interiores como
para construir suficientes objetos integrales que, desbordando
su contenedor kósmico, acaben influyendo en los esquemas y
las pruebas evolutivas. Este es un nivel que se halla ya lo suficientemente asentado en el Kosmos como un estadio de nuestro
camino, un *tsunami* que, a pesar de hallarse todavía a miles de
kilómetros de la costa, se encamina inexorablemente en nuestra
dirección. Eso es lo que sucede con los estadios del desarrollo
humano que, una vez asentados, no pueden ser eludidos, salta-
dos ni modificados por el condicionamiento social. Sus estructuras profundas son surcos cósmicos, muescas ontológicas que
la acción humana repetida ha dejado grabadas en el universo,
marcas tan reales e inalterables como la órbita de Júpiter, la
estructura del electrón o el mecanismo de acción del ADN.

¿A qué acciones humanas me refiero? A las tuyas, por supuesto. El pensamiento integral no tiene, hablando a gran escala, más de quince o veinte años, el tiempo, en otras palabras,
que muchos de los lectores de este libro llevan interesados en
él. *Dicho de otro modo*, ha sido en el pasado reciente –y ciertamente ahora– que tus pensamientos, ideas, visiones y trabajo
han estado construyendo estas profundas estructuras integrales
que, en su forma básica (esmeralda), están sedimentando como
surcos cósmicos y que, nos guste o nos desagrade y lo quera-
mos o no, jalonan ya nuestro camino. Y, como ya has tenido

tu primer encuentro integral, estás construyendo los objetos interiores que se han fundido en un conjunto de estructuras profundas almacenadas en el universo en forma de surcos kósmicos prestos a descender al mundo sensoriomotor con un *crescendo* atronador que conmoverá el corazón más profundo del ser humano e influirá en todo aspecto conocido de la actividad humana (del mismo modo en que antes lo hicieron, por ejemplo, ámbar, naranja y verde). Echa un vistazo al mundo que te rodea, contempla el escenario en el que la revolución está a punto de representarse y estremécete al ver todo lo que, en este pequeño lapso, has conseguido. Estos cambios integrales tienen lugar, en términos evolutivos, a la velocidad de la luz. Espera que esta velocidad se acelere en ocasiones y se enlentezca en otras porque, como ya hemos dicho, la evolución no avanza en línea recta, sino zigzagueando. Pero no olvides el sorprendente avance que ha tenido y sigue teniendo lugar mientras los individuos (y el «nosotros») siguen creando objetos integrales interiores que están sedimentando y acabarán transformando por completo el mundo que nos rodea.

¿Qué puedes hacer para contribuir a esta revolución histórica? ¿Qué puedes hacer ahora, en este preciso instante? Cada vez que tienes un pensamiento integral; cada vez que concibes una idea integral; cada vez que tu pulso se acelera con la imagen de un mañana más hermoso, más verdadero y más ético; cada vez que lees, estudias, creas y escribes ideas integrales; cada vez que te preguntas «¿Qué puedo hacer yo para contribuir a esta gran empresa?» o «¿Qué puedo hacer para acelerar este proceso?»; cada vez que imaginas un mañana más inclusivo, un futuro más armonioso o una Tierra más equilibrada y cuidada; cada vez que sueñas con una espiritualidad que nos permita acceder a ese Dios que mora en todos y cada uno de los seres vivos; cada vez que atisbes un futuro un poco más completo que el actual; cada vez que imagines una actividad humana (desde la educación hasta el parentaje, la medicina, el gobierno y el derecho) más inclusiva e integral; cada vez que, mirando a los ojos de un niño (quizás tu propio hijo), le desees un futuro más respetuoso, compasivo y amoroso y atisbes en su sonrisa el resplandeciente fulgor de un mañana más abarcador; cada vez que concibas un momento un poco más global que el anterior; cada vez que vislumbres las pautas que conectan aspectos separados o imagines un futuro en el que los hijos de Dios sean juzgados en términos cósmicos y no en base a criterios locales o prejuicios; cada vez que tomes una decisión que apunte a la mejora de la humanidad y de la totalidad de los seres vivos; cada vez que veas unirse fragmentos rotos y fundirse, en un abrazo más unificado, amoroso e inclusivo, seres humanos destrozados por el sufrimiento y cada vez que anheles, en suma, un mañana más unificado, completo y abarcador, estarás contribuyendo de manera directa, inmediata e irrevocable a la creación de objetos integrales interiores que se almacenarán en el Kosmos real, aumentando unos centímetros el tamaño de ese *tsunami* que ya se encamina inexorablemente en dirección a nuestra costa. Bienvenido, pues, como hemos dicho, al lugar que te corresponde en la historia. Realmente te lo mereces.

Estos son, en suma, los siete ítems que, en mi opinión, deberían formar parte de cualquier espiritualidad auténticamente integral y que debería también incluir, en consecuencia, cualquier cuarto giro de la rueda del Dharma. Todos ellos son importantes. Los estados, obviamente, son centrales porque en ellos descansan nuestros medios para despertar, pero todavía más importante nos parecen –dada su completa ausencia en cualquier sistema espiritual actual– los escalones de las estructuras básicas y sus visiones. Hay ejemplos en todas las grandes tradiciones religiosas y en casi cualquiera de los niveles de visiones disponibles, desde la conciencia de primer grado hasta la conciencia de segundo grado (como ya hemos visto en el caso del budismo). Pero, como todavía no se asume la existencia de visiones diferentes, se da por sentado que todas ellas se refieren al mismo «Dios», al mismo «Espíritu» o al mismo paisaje general de la religión y de la espiritualidad cuando ese, simplemente, no es el caso. La inclusión de las estructuras y de las visiones posibilitará una espiritualidad que las tengan en cuenta y se convierta en parte de la «cinta transportadora» global de esa espiritualidad concreta, que permita la expresión de sus enseñanzas fundamentales en el lenguaje, las perspectivas y las visiones de los grandes escalones-estructuras del desarrollo y facilite la transformación «vertical» de los individuos de estadio en estadio, empezando en la infancia y concluyendo en la madurez del anciano sabio.

La demanda integral será mayor cuantas más personas se adentren en los estadios integrales (desde empresas integrales hasta educación integral, medicina integral, política integral, espiritualidad integral, etcétera) y cada vez habrá más necesidad también de superar las limitaciones de los estadios de primer grado (mítico, racional y pluralista) y alcanzar la plenitud de la visión integral propia de la conciencia de segundo grado.

Y las ventajas de este movimiento son, como ya hemos dicho, proverbiales. Veamos unas cuantas a modo de resumen. La inclusión de los cuatro cuadrantes pondrá fin a la guerra entre ciencia y espiritualidad. Recordemos que los cuadrantes de la Mano Derecha, cuyos criterios de validez son la verdad y el ajuste funcional, incluyen todas las grandes ciencias (desde la física hasta la biología, la química, la ecología y la sociología), mientras que los cuadrantes de la Mano Izquierda, cuyos criterios de validez son la veracidad y la justicia, abarcan los grandes aspectos de la espiritualidad (desde las estructuras hasta los estados). Los cuadrantes de la Mano Derecha incluyen el espectro de la energía y de la masa (desde la energía ordinaria hasta la energía sutil y la energía causal), mientras que los cuadrantes de la Mano Izquierda abarcan todo el espectro de la conciencia y la cultura (que incluye las visiones, los puntos de vista, el arte, la moral, las tipologías, los contenidos de la sombra, las terapias, etcétera). De este modo, un espectro del desarrollo que tenga en cuenta los cuatro cuadrantes permitirá coordinar cada gran disciplina con el crecimiento y la evolución humana. Una visión que incluya todos los cuadrantes, todos los niveles, todas las líneas, todos los estados y todos los tipos deja suficiente espacio para una visión del Kosmos que lo incluya amablemente todo, desde la iluminación última (y el modo en que despertamos) hasta las líneas relativas (y el modo en que crecemos), las terapias del crecimiento (y el modo en que vamos aclarándonos) y el Yo Único (es decir, el modo en que lo expresamos). Esa es una visión tan generosa que deja espacio suficiente para incluirlo absolutamente todo.

Y lo mismo debería ocurrir también con un cuarto giro del budismo. El budismo, que tanto interés ha mostrado, a lo largo de la historia, en las formas evolutivas, integradas y sistémicas de pensamiento y en una amplia panoplia de prácticas profundas para despertar, está en condiciones de seguir desarrollándose conservando, mientras el Espíritu-en-acción sigue su implacable evolución, todos los aspectos fundamentales de los giros anteriores y añadiéndole los elementos recién desplegados.

**Tercera parte**

# El futuro

# 5. El futuro del budismo

¿Cuál es el futuro de la espiritualidad y cuál es, especialmente, el futuro del budismo, nuestro tema fundamental? Si nos centramos, por el momento, en las estructuras de conciencia y las comparamos con los estados, debemos empezar subrayando un punto que ya hemos esbozado y que consiste en la existencia, al menos, de dos formas muy diferentes de espiritualidad y de compromiso espiritual. La primera de ellas está centrada en las estructuras (y referida, por tanto, a la inteligencia espiritual) y es esencialmente un sistema de creencias, una narración, una serie de historias o una filosofía de vida. Lo que ha quedado absolutamente claro en las últimas décadas es la existencia de un abanico de niveles diferentes de estas creencias que se extienden desde el estadio arcaico hasta el mágico, el mágico-mítico, el mítico, el racional, el pluralista, el integral y el supraintegral. Y hay que decir que las diferencias existentes entre los más tempranos de estos estadios (hasta llegar a mítico-literal etnocéntrico) y los últimos (racional mundicéntrico y superiores) son tan grandes como las que separan el día de la noche, razón por la cual resulta difícil asumir que, para referirse a ambos, se utilicen los mismos términos («religión» o «espiritualidad»). (Y lo mismo podríamos decir hablando, en términos generales, de las estructuras y de los estados, de los que en breve hablaremos.) Esta evolución de las visiones resulta evidente ya en la misma Biblia, donde la primera parte del Viejo Testamento nos presenta a un Dios mezquino, vengativo, hostil, asesino, celoso, racista, sexista y, hablando en términos generales, malvado. Hay cerca de seiscientos pasajes en los que Dios recomienda explícitamente la violencia y el asesinato y juega de manera tan frívola como arrogante con la vida de las personas (recordemos el episodio de Abraham y su hijo). Y entre esa visión y la de Jesús, que jalona el paso de egocéntrico a etnocéntrico y mundicéntrico y en la que la Divinidad afirma que los mansos heredarán la tierra y nos recomienda poner la otra mejilla y amar a nuestros enemigos…, hay, para quien quiera verla, toda una evolución.

Lo mismo podríamos decir con respecto a todas las religiones que empiezan en mágico, mágico-mítico, mítico-egocéntrico o etnocéntrico. Los rasgos del Dios que acabo de mencionar no son rasgos de la Divinidad, sino del modo en que, hace 2.000 o 3.000 años, se la representaba, una representación que constituye un claro reflejo de las estructuras arcaicas, mágicas y míticas. La mayoría de las religiones originadas en esos tempranos estadios, tanto orientales como occidentales, acabaron estancadas en el estadio mítico. Y lo que hasta el Renacimiento había resultado adecuado se convirtió, a partir de entonces, en el estancamiento de la inteligencia espiritual de toda una cultura.

Y ese es, a escala mundial, un auténtico problema, porque los estadios mítico e inferiores son, en el mejor de los casos, etnocéntricos, lo que significa que el mundo (cerca del 70% del cual se halla en los estadios mítico etnocéntricos o inferiores, la mayor parte del cual es de origen y significado religioso y adopta una visión espiritual mítica o inferior) sigue en lo cultural dividido en bandos fuertemente atrincherados (psicológica y/o físicamente) y tendentes, en el mejor de los casos, hacia la intolerancia y, en el peor de ellos, hacia la *yihad*, es decir, la guerra santa, la creencia muy asentada de que mi religión es la única verdadera y la única capaz de proporcionar la salvación. Aun las religiones que oficialmente han adoptado una visión mundicéntrica racional, como sucedió con la Iglesia católica después del Concilio Vaticano II (un periodo durante el cual la Iglesia anunció oficialmente que las demás religiones podían ofrecer una salvación parecida a la del cristianismo, un extraordinario avance desde ámbar etnocéntrico hasta naranja mundicéntrico), tienen a la mayoría de sus miembros estancados en la visión mítico-literal, debido simplemente a que su actitud y tono global sigue siendo sobre todo mítico y a su falta de entusiasmo en aceptar mundicéntricamente que las demás grandes religiones también pueden proporcionar la salvación. Los dos papas que han precedido al papa Francisco parecían empeñados en deshacer los avances realizados por el Concilio Vaticano II.

Mientras las ciencias, las artes y las humanidades del mundo siguieron evolucionando, atravesaron los niveles racional y pluralista y están a punto, hoy en día, de experimentar una revolución integral, la mayoría de las religiones se mantuvieron tercamente en sus trece en los niveles mítico y etnocéntrico, lo que explica que, por más que públicamente afirmen lo contrario, hayan acabado convirtiéndose en la principal causa de conflicto, discordia, desamor, guerra y terrorismo (superando incluso al racismo). El terrorismo que, hace veinte o treinta años, era fundamentalmente político (recordemos la Facción del Ejército Rojo, la Banda Baader-Meinhof o el Ejército de Liberación de Palestina) se ha visto reemplazado por el terrorismo religioso (desde grupos como Hamas o Al Qaeda hasta los miembros de casi cualquier gran religión, como bien ilustran los atentados de los baptistas del sur de Estados Unidos contra las clínicas en las que se practica el aborto, los budistas lanzando gas sarín en el metro de Tokio, los sikhs peleando contra los hindúes en las fronteras de Pakistán y los budistas luchando con los tamiles hindúes por la verdad espiritual). Y, cuando la facción religiosa no asume el aspecto de un franco terrorismo, se refugia en el lado inferior mítico etnocéntrico y la ciencia hace lo propio del lado racional-mundicéntrico de la frontera, enzarzándose en un debate, en última instancia, ridículo (ciencia racional *versus* religión mítica) que se halla en la base misma de nuestras guerras culturales.

Pero el problema es mucho más profundo que todo eso porque los estadios más elevados de la inteligencia espiritual no proporcionan, por más importantes que, en sí mismos, sean, la iluminación, el despertar ni la liberación espiritual. Para ello, es necesario también un desarrollo de los estados, una de las grandes fortalezas de la mayoría de las escuelas budistas a las que, en breve, volveremos. El problema es el gran número de religiones que únicamente confían en las estructuras de la inteligencia espiritual (por no decir las que únicamente confían en el estadio mítico). La inteligencia espiritual solo nos habla de verdades relativas y, como tal, se combina con muchas otras inteligencias múltiples (moral, intrapersonal, interpersonal, emocional, visiones del mundo cognitivas, etcétera) para guiar al yo separado en su viaje a través de la vida. Pero no nos brinda nada que nos ayude a trascender el yo separado y llegar al Yo Real, el Yo como Espíritu último, Talidad pura o Esidad. No cuenta con nada, dicho en otras palabras, que nos abra a la Verdad, Fundamento, Objetivo y Talidad de la evolución misma, desde lo cósmico hasta lo personal. De este modo, se pierde por completo el aspecto más importante de la espiritualidad, que consiste en despertar, a través del desarrollo de los estadios de los estados, a la Identidad Suprema con el Espíritu último. De este modo, no se reconoce el núcleo último del ser humano (es decir, el Yo soy puro e incalificable como tal), sino que se confunde con un pequeño yo, un objeto o una colección de objetos que ocupa un lugar con todos los demás pequeños objetos finitos del universo que viven, sufren, se atormentan y mueren. Lo No nacido, lo No creado, lo No hecho, lo Imperecedero, el corazón gozoso y beatífico del Ser no se reconocen y tampoco se entiende la Realidad última. Así es como la vida discurre como un sueño, un espejismo, una burbuja, una imagen resplandeciente en un desierto de sufrimiento en el que nadie es sabio y en donde acaba marchitándose el propósito único y verdadero de la espiritualidad.

La grandes fortalezas del budismo siempre ha sido dos: en primer lugar nació, con respecto a las estructuras, como una religión mundicéntrica racional (que no se centraba tanto en la autoridad mítica, como en la experiencia y la razón) y, en segundo lugar, concedía un papel primordial a los estados. Obviamente, no todas las escuelas (ni todos los discípulos) han alcanzado esos auspiciosos inicios (y menos aún los que los han superado). Son muchas, como ya hemos visto, las escuelas y discípulos que se hallan firmemente ancladas en los niveles mágico y mítico. Ahora bien, resulta completamente apropiado que, en una cinta transportadora global, los discípulos más jóvenes atraviesen los estadios mágico y mítico de la enseñanza del Dharma. En la medida en que se tengan en cuenta y se subrayen los estadios más elevados y la cinta transportadora del budismo prosiga su camino y experimente el cuarto gran giro que le permita avanzar hasta una conciencia integral y evolutiva de segundo grado y acompasar sus enseñanzas al ritmo de la evolución del Espíritu y del Dharma, la enseñanza de los estadios mágico y mítico ocupará el lugar que le corresponde y será completamente apropiada, sin pretender capturar ni agotar toda la enseñanza.

Y lo mismo podríamos decir con respecto a los demás estadios disponibles. Gran parte de la enseñanza budista en Occidente se centra hoy, como ya hemos visto, en la visión pluralista de la inteligencia espiritual (junto a los estados causal y no dual, sus aspectos más importantes). Pero, como sucede con todas las visiones de primer grado, la visión pluralista cree que su verdad y sus valores son los únicos reales. A diferencia, sin embargo, de lo que sucede con los puntos de observación de los estados (que tan bien han cartografiado), las visiones de las estructuras no pueden ser vistas introspectivamente, razón por la cual, las tradiciones contemplativas y meditativas son fundamentalmente inconscientes de las estructuras y sus visiones evolutivas. Pero el budismo (entre otras religiones) tiende a identificar de forma inconsciente el Dharma a su visión presente, que, en Occidente, es la visión pluralista (mientras que las religiones occidentales convencionales se identifican con una visión inferior, la visión mítica), lo que, obviamente, resulta desastroso para el budismo (por no decir nada de las religiones convencionales típicas), porque el Dharma se contempla entonces a través de lentes exclusivamente pluralistas. Pero, de ese modo, el Dharma no solo hereda las verdades positivas de la visión pluralista (su sensibilidad, su respeto y su interés por los derechos civiles, el medio ambiente, el feminismo y la sostenibilidad), sino también sus limitaciones y sus facetas negativas. En tanto que visión de primer grado, es fragmentaria; se opone a toda forma de jerarquía (no solo a las jerarquías de dominio) y se resiste, por tanto, a reconocer cualquier holoarquía de desarrollo y de actualización y tiende a negar, en consecuencia, cualquier mapa evolutivo de las estructuras o de los estados (pese a la abundancia, en todas las escuelas budistas, de mapas de estadios de los estados); cree, debido a su fuerte adhesión a esa visión, que no hay más verdades que las pluralistas; incurre en el error de equiparar esa visión no solo a las verdades relativas, sino a la Verdad última (es decir, equipara la Vacuidad a la ausencia de jerarquías, cuando la Vacuidad no es jerárquica, no jerárquica ni ambas cosas ni ninguna); no llega, debido a su apego a las visiones pluralistas, a utilizar la visión-lógica integradora universal (conciencia de segundo grado), a la que tanto apelan los genios budistas (desde el mencionado *Lankavatara Sutra* a Longchenpa Tsongkapa y Fa-tsang, por nombrar solo a unos pocos). Esta falta de conocimiento integrador acaba condenando al Dharma a una prisión de primer grado (junto a los correlatos pluralistas de la arrogancia, antijerarquía, antiintelectualismo, antiautoritarismo, anticonceptualismo y otras visiones parciales propias de los estadios del primer grado que mutilan gravemente el Dharma del Buda y desperdician una oportunidad extraordinaria para evolucionar en el mundo postmoderno). Antes de su muerte prematura, Traleg Rinpoche estaba trabajando en un libro titulado *Integral Buddhism*, que corregía estas graves limitaciones de la práctica occidental (y también oriental) del budismo, esperando ayudar así tanto a discípulos como a maestros a pasar de la visión pluralística a una visión más holística e integral de la conciencia de segundo grado acompasada al ritmo de la evolución de la naturaleza del Buda y del Espíritu.

Esperamos, pues, que en lo que respecta a estructuras y estados el budismo complemente su comprensión de los reinos/estados con los escalones de las estructuras y sus visiones. Después de todo, como ya hemos visto, ya hay discípulos, maestros y hasta escuelas budistas enteras que han llegado a los estadios de las visiones estructurales mágica, mítica, racional, pluralista e integral. Eso es algo que *ya* está ocurriendo y la expectativa es que, en lugar de hacerlo, como hasta ahora, a tientas y de manera inconsciente, puedan hacerlo de manera deliberada y consciente, creando así una gran cinta transportadora de transformación estructural para que el budismo no solo ayude a los individuos a avanzar a través de los distintos grandes estados de conciencia (desde ordinario hasta sutil, causal, testigo y no dual), sino que actúe también como un marcador de la transformación, recibiendo idealmente a los individuos en los primeros peldaños de las estructuras de la existencia (mágico y mítico) y ayudándoles a avanzar hasta los más elevados, amplios y profundos (racional, pluralista e integral). De este modo, el budismo (y otros sistemas espirituales igualmente comprehensivos) no solo podrá desempeñar un papel muy importante en ayudar al ser humano a despertar, sino que también le ayudará a desarrollarse.

Y, lo que todavía es más importante, cuando el budismo incluya una comprensión de las estructuras y de los estadios de las estructuras, se abrirá para avanzar hasta una conciencia de segundo grado, convirtiéndose en una herramienta fundamental de la revolucionaria transformación integral que se desplegará por todo el planeta. Si este intento fracasa y sigue atrapado en la conciencia de primer grado, se arriesga a incurrir, con respecto a la ciencia, en el mismo error que cometió –y sigue cometiendo– la Iglesia. Y con ello quiero decir que, cuando afloró la estructura racional mundicéntrica, la Iglesia católica siguió aferrándose al nivel mítico y acabó convirtiéndose en el hazmerreír de hombres y mujeres racionales de todas partes («¿Así que separó las aguas del mar Rojo? ¿Y dices que nació de una virgen? ¿Llovió sangre? ¡Vamos, anda, no me hagas reír!»). La ciencia, como el arte, la ética, etcétera, avanzaron, mientras la religión se rezagó y solo llamó la atención de las almas menos evolucionadas y menos desarrolladas. La ciencia (el arte, la ética, etcétera) está operando ya en la conciencia de segundo grado y el budismo debería seguir con ellas su propio desarrollo y evolución. El budismo, a diferencia de lo que sucede con la mayoría de las religiones, nunca ha tenido problemas con la ciencia (a fin de cuentas, ambas nacieron en el nivel racional y no partían, en consecuencia, de la autoridad y el dogma míticos, sino de la experiencia, la evidencia, el experimento y la razón personal). Resultaría lamentable ver a la ciencia y el budismo separándose y ver cómo este se estanca en una actitud obsoleta propia de la conciencia de primer grado, mientras que aquella prosigue su camino de avance hacia una conciencia revolucionaria de segundo grado.

Esto resulta especialmente cierto en el caso de que la ciencia continúe su monumental investigación de las funciones cerebrales y la neurofisiología. La ciencia todavía tiende a negar aún las interioridades y el espacio del «yo» que son especialidades muy queridas del budismo (recordemos que el cuadrante superior-izquierdo es el hogar de las estructuras, los estados y la sombra, mientras que la ciencia sigue concentrándose en el cuadrante superior-derecho, que incluye desde las cuerdas de la física hasta la biología molecular y los estados cerebrales). Pero los estados cerebrales influyen directamente, a través de la tetraenacción en los cuatro cuadrantes, en los estados de conciencia (y también en las estructuras de conciencia y la sombra). Tecnologías cerebrales como los pulsos binaurales y la estimulación transcraneal pueden generar estados alfa, theta y delta que son correlatos, en el cuadrante superior-derecho, de los estados de conciencia ordinario, sutil y causal del cuadrante superior-izquierdo, respectivamente. Hoy día podemos, en cuestión de minutos, poner a una persona en un estado theta/sutil o delta/causal, algo que los meditadores solo alcanzan después de muchos meses de trabajo.

La inclusión de los cuatro cuadrantes en un sistema espiritual es una forma teórica sencilla de tener en cuenta estos hechos sin incurrir en contradicciones. Y lo cierto es que estos descubrimientos no han hecho más que empezar. La investigación realizada al respecto ha puesto de relieve que el ejercicio de formas de meditación de la compasión permite a los monjes tibetanos más experimentados generar una cantidad significativamente más elevada de ondas gamma y que hoy ya no es preciso dedicar meses o años al logro de determinados estados meditativos, sino que pueden alcanzarse en cuestión de minutos.

No tengo la menor duda de que la ciencia no tardará mucho en identificar el perfil de neurotransmisores asociados a diferentes estados meditativos (*savikalpa samadhi*, *nirvikalpa samadhi*, *jnana samadhi*, *sajaha samadhi*, etcétera), ampliando así nuestro conocimiento de la relación existente entre los estados cerebrales y sus correspondientes estados de conciencia. Esta es otra de las razones por las cuales las religiones deberían entablar un diálogo con la ciencia y contar con una metateoría sofisticada (como la proporcionada por los cuadrantes, por ejemplo) que nos permita determinar la relación existente entre las verdades científicas y las verdades espirituales. Y con ello no estamos refiriéndonos a tópicos absurdos como el que afirma que la mecánica cuántica demuestra el misticismo. Esos son dos reinos completamente diferentes porque, mientras aquella tiene que ver con partículas subatómicas en los niveles inferiores del cuadrante superior-derecho de tercera persona, este se refiere a los logros más elevados de los estadios de primera persona del cuadrante superior-izquierdo. Bastaría, si tratasen de la misma realidad, con un máster en mecánica cuántica para convertirse en un gran místico, cosa que evidentemente no ocurre. Es cierto que saben mucho de mecánica cuántica, pero no lo es menos que suelen ignorarlo casi todo sobre los verdaderos estados místicos. Aunque el misticismo, además, sea una de las experiencias más sencillas que el ser humano puede tener (como, por ejemplo, la experiencia de que «todo es uno»), su experiencia nos deja sin aliento. La mecánica cuántica y la ecuación de onda de Schrödinger son, por otra parte, ejemplos claros de algunos de los sistemas de pensamiento más complejos y sofisticados diseñados por el ser humano (como dijo cierto físico pionero: «Quien afirme entender la mecánica cuántica es que no la entiende en absoluto»). No, lo cierto es que una comprensión de la ciencia y de la espiritualidad no solo significa entender cómo se relacionan, sino reconocer también que se trata de disciplinas diferentes, con diferentes metodologías, diferentes técnicas, diferentes modalidades de conocimiento y diferentes despliegues, *y* que no hay, entre ellas, la menor contradicción. (Y esto puede incluir una comprensión de la unidad mística entre la ciencia y la espiritualidad, un territorio al que solo se accede a través de la espiritualidad, mientras que la ciencia, en el mejor de los casos, solo nos proporciona mapas de ese territorio. Equipararlas, por tanto, es un claro ejemplo de confusión entre mapa y territorio.) La teoría integral y el marco de referencia OCON facilita esta integración. Sea cual fuere, sin embargo, la teoría y metateoría utilizada, esa es una tarea que debería tener muy en cuenta, empezando hoy mismo, cualquier espiritualidad futura.

Un budismo de cuarto giro (y, hablando en términos generales, cualquier espiritualidad que aspire a ser completa) debería incluir también, al menos, una visión breve y global de la sombra y las técnicas para corregirla (o, alternativamente, una conexión formal con un terapeuta o grupo psicoterapéutico al que pueda derivarse a los discípulos que tengan problemas con la sombra). En opinión del doctor Roger Walsh, psiquiatra y maestro de budismo integral, quizás el 80% de los problemas que le formulan, en las entrevistas entre maestro y discípulo que tienen lugar durante los retiros de meditación que dirige, se gestionan mejor con técnicas terapéuticas que con técnicas meditativas. Eso es algo que a mí también me parece cierto y, de ser así, el 80%, al menos, de los consejos que los maestros de meditación dan a sus discípulos son menos que óptimos (por no mencionar el problema anteriormente señalado de que la mayoría de ellos proceden de la visión pluralista y no tienen en cuenta la visión en que se halla el discípulo). Esta catástrofe solo podrá remediarse si el budismo se convierte en un budismo integral e incluye, en su enseñanza global, los peldaños de las estructuras y sus visiones evolutivas, algo que debería tener muy en cuenta, en nuestra opinión, cualquier cuarto giro de la rueda del Dharma.

Independientemente, sin embargo, de lo evolucionada que se halle una persona en el ámbito de las estructuras o los estados, los problemas derivados de la sombra pueden complicar mucho las cosas y obstaculizar no solo la práctica, sino la vida en general. Son muy pocos, como ya hemos dicho (si es que hay alguno), los sistemas espirituales (y especialmente las grandes religiones) que tienen una comprensión adecuada de la sombra y de su represión psicodinámica.

Permítanme agregar ahora unas pocas palabras sobre los tipos de personalidad y las tipologías. Bastará, si uno es una especie de *coach* (utilizando el término *coach* en un sentido amplio que incluya tanto a los instructores de meditación como a los maestros de oración contemplativa, los terapeutas y los profesores de yoga), con un breve estudio de cualquier tipología sofisticada (desde la de Myers-Briggs hasta el eneagrama) para poner de relieve lo diferente que deberá ser la aplicación del programa a distintos tipos de personas. El tipo 5 del eneagrama (el observador), por ejemplo, puede quedarse fácilmente atrapado en una modalidad extrema o disfuncional de la práctica del Testigo, que, en ese caso, se combina con el tipo de personalidad y genera un estado de conciencia disfuncional exageradamente desapegado y despersonalizado que no permite el establecimiento de un contacto verdadero y provoca un alejamiento del mundo manifiesto y de los propios estados emocionales que, en casos extremos, puede desembocar en una despersonalización esquizoide. Sería mucho más adecuado, por ejemplo, que esa persona practicase oración contemplativa, meditación de amor-bondad o tonglen, que no reducen, sino que intensifican, el contacto emocional. Un enfoque auténticamente integral nos ayudaría a evitar los intentos de soslayar las diferencias individuales que, aglutinando a todas las personas en la misma categoría, les asigna, de forma muy poco imaginativa, el mismo tipo de práctica. Uno de los grandes descubrimientos del enfoque integral ha sido el reconocimiento de las diferencias interpersonales.

Tampoco necesitamos aquí extendernos, porque las complejidades son muchas y resulta muy fácil perderse. El rasgo más distintivo del marco de referencia OCON es que utiliza el menor número de dimensiones posibles para explicar la mayor cantidad de realidad posible. Y lo mismo podríamos decir con las tipologías; elijamos una lo suficientemente detallada (que incluya entre seis y nueve tipos, por ejemplo) para abarcar la mayor cantidad de territorio posible y partamos de ahí; no pretendamos combinar cuatro o cinco tipologías diferentes que nos ofrezcan un número desproporcionadamente grande de tipos (aunque no hay nada en el «reglamento integral» que, si lo queremos, nos impida hacerlo). La cuestión es que una buena tipología –como, por ejemplo, el eneagrama o la de Myers-Briggs– puede hacer maravillas para ayudarnos a adaptar una práctica a los distintos tipos de personalidad.

Las tradiciones no duales describen metafóricamente lo no dual como no dualidad entre sujeto y objeto, infinito y finito, eternidad y tiempo, samsara y nirvana, lo último y lo relativo, el espíritu y la materia, uno y los muchos o, con más frecuencia, la Vacuidad y la forma. Y es que, como dice el *Sutra del Corazón*: «Vacuidad no es más que forma y forma no es más que Vacuidad».

La Vacuidad es un descubrimiento de estado. Lo que queda después de haber atravesado y superado los estados precedentes inferiores hasta trascender todos los fenómenos (ordinarios, sutiles y causales) en el estado-condición superior es, metafóricamente hablando, Vacuidad pura, Apertura, Transparencia, Nada o Espacio inmenso, cuyo descubrimiento confiere la Libertad, la Liberación última, *moksha*, *wu*, metanoia, lo No encadenado, lo No creado, lo No nacido, lo No elaborado, lo Imperecedero. El descubrimiento de esta Vacuidad es la Libertad infinita de todos los objetos finitos y de cualquier identidad o identificación con esos objetos, ya sean objetos ordinarios, objetos sutiles u objetos causales, porque todos ellos acaban trascendidos y abandonados.

Pero, como el estado no dual último trasciende, al tiempo que incluye, el mundo entero de la forma, esta Vacuidad es no-dos con el mundo de la forma. Y, si bien la Vacuidad es una cuestión de estados y libertad, la forma es una cuestión de estructuras y plenitud. Por ello, aunque la Vacuidad no haya cambiado desde el *big bang* (o incluso antes), la forma y la plenitud lo han hecho en la medida en que el universo evolucionaba a formas cada vez más complejas y más plenas. El universo, como ya hemos dicho, va tornándose más pleno en la medida en que evoluciona desde las partículas subatómicas hasta los átomos, las moléculas, las células, los organismos y, desde ahí, a los organismos fotosintéticos, los organismos con redes neuronales, los organismos con sistemas cerebrales reptilianos, sistemas cerebrales límbicos y cerebros trinos, el número de cuyas sinapsis neuronales supera el de estrellas del universo. Las interioridades de estos holones también han evolucionado hasta formas cada vez más complejas y más plenas, desde la aprehensión hasta la irritabilidad protoplásmica, la sensación, la percepción, el impulso, la imagen, la emoción y, al llegar a los seres humanos, los conceptos, los esquemas, la reglas, las metarreglas formales, la visión-lógica, la paramente, la metamente y superiores (llegando a la sobremente y la supermente).

Estos holones básicos sostienen, como ya hemos visto, visiones del mundo diferentes empezando, en el caso de los seres humanos, en las imágenes e impulsos de la visión arcaica y siguiendo, desde ahí, hasta las visones mágica, mítica, racional, pluralista, integral y supraintegral.

Y esto conduce a la ineludible conclusión de que, comparados con los sabios iluminados de hace 3.000 años, cuyo centro

dual de gravedad era generalmente mítico y no dual (conce-
diéndoles el beneficio de la duda de ser no duales en lugar de
causales, algo más propio de esa época), el sabio iluminado
de hoy en día no es más libre (porque la Vacuidad sigue siendo la misma y también lo es, por ende, la Libertad), pero sí
más pleno (porque, desde la época en que la estructura mítica
era la más elevada, han aflorado, al menos, tres estructuras
de conciencia nuevas y superiores [racional, pluralista e inte-
gral], que los sabios plenamente evolucionados tienen hoy en
día muy en cuenta). La iluminación, dicho en otras palabras,
consiste en ser uno con el estado y la estructura más elevados de un determinado momento histórico. Suponiendo que
ambos hayan logrado el estado no dual (aunque, como recién
apuntábamos, es más probable que aquel solo llegase al estado
causal), el primero de ellos alcanzó, en el mejor de los casos,
la estructura mítica, dejando «por encima de su cabeza», por
así decirlo, tres estructuras muy reales superiores del Kosmos
(racional, pluralista e integral) con las que los sabios anteriores *no* eran uno, por la simple razón de que todavía no habían
aparecido ni evolucionado lo suficiente. El sabio actual, por su
parte, alcanzando la misma Vacuidad no dual, no es más libre
que los sabios anteriores, pero sí que es definitivamente más
pleno porque incluye, en su Identidad Suprema, al menos, tres
niveles ontológicamente superiores del Kosmos. La Vacuidad
de ambos confiere la misma Libertad, pero la forma mayor y
más compleja del último proporciona al sabio moderno una
plenitud significativamente mayor, un Ser mayor.

Y esto es algo que cualquier cuarto giro de la rueda debería tener muy en cuenta. Vacuidad y forma son todavía no duales (o no-dos), pero el inexorable «avance creativo hacia la novedad» ha llevado al mundo de la forma a evolucionar, razón por la cual, la identidad del sabio moderno es más plena, porque contiene, en su ser, los tres o cuatro niveles superiores de realidad y un grado de Ser correlativamente mayor y más pleno. Como es obvio, nuestro sabio moderno podría hallarse en mágico solo estructuralmente y tener, en consecuencia, menos plenitud que nuestro antiguo sabio mítico. Pero, si definimos la «iluminación» como la unidad con todos los estados y estructuras que en un determinado momento histórico han aflorado y evolucionado, el sabio evolutivo de hoy no será más libre, pero sí mucho más pleno que el de ayer.

Y este es el último ítem que debería tener muy en cuenta cualquier cuarto giro del budismo. La evolución sigue su curso; el Espíritu-en-acción sigue su curso y el despliegue de estructuras de realidad cada vez más elevadas y complejas sigue su curso. Y como la iluminación implica la unidad con todo el universo, es cada vez más rica, lo que Whitehead denominaba (en contraste con la «naturaleza primordial de Dios» o la Vacuidad inmutable) la «naturaleza consecuente de Dios», cada día más plena y más una (o, mejor dicho, más «no dos») con ese Dios (aunque la Libertad de la naturaleza primordial de Dios siga siendo la misma). De este modo, la inclusión de los escalones de las estructuras y de sus visiones nos permite rastrear la plenitud de la naturaleza del Buda (y no solo su libertad) y profundizar nuestra iluminación y el grado de nuestro despertar, uno de los objetivos fundamentales, desde sus mismos orígenes, del budismo.

Un cuarto giro del budismo no solo es coherente con su historia y con su autocomprensión, sino también muy recomendable. Son muchos los discípulos y maestros budistas que conozco que consideran que el momento ya está maduro. El mundo está a punto de experimentar una transformación sin procedentes a un nivel y tipo de conciencia radicalmente nuevo que investigación tras investigación califican como sistémica, unificada, holística, integral, inclusiva, abarcadora, interrelacionada e interconectada. Asegurémonos de que no solo las ciencias, sino también las humanidades y la espiritualidad, participan de esta transformación radical y tomemos el camino que mejor conduce a la gran liberación en el mundo moderno y postmoderno, preparándolo para dar el salto a esta nueva transformación. Entonces el budismo estará en mejores condiciones para ofrecer a la humanidad aquello en lo que siempre ha destacado.

¿De qué estamos hablando? Cuando Fa-chang estaba muriendo, una ardilla saltó sobre el tejado del templo:

–Eso es todo –dijo entonces Fa-chang–. Nada más.

Los lectores interesados en más información
al respecto pueden dirigirse a
FourthTurningBuddhism.com.

editorial **K**airós

Puede recibir información sobre nuestros
libros y colecciones o hacer comentarios
acerca de nuestras temáticas en

**www.editorialkairos.com**

Numancia, 117-121 • 08029 Barcelona • España
tel +34 934 949 490 • info@editorialkairos.com